나는 당신과 같은
사람입니다

마음고생을 하는
사람들을 위한
삶의 가이드

나는 당신과 같은 사람입니다

김명준 지음

AONEBOOKS 에이원북스

들어가며

우리가 삶에서 겪는 문제는 복잡해 보여도 단순히 나와 모든 것과의 관계에서 일어나는 일이다. 이때 그 관계를 맺어주는 것이 생각이다. 내 생각에 오류가 있다면, 나는 어떤 대상과의 관계에서 고통이나 불편을 겪게 될 것이다.

저자는 오랫동안 모든 것의 바탕에 있는 본질적인 원리에 관심이 많았다. 그러던 중 40대 중반에 느닷없이 찾아온 강렬한 트랜스 상태(일반적인 의식을 넘어선 상태)를 경험하면서 삶과 인식에 근본적인 변화가 일어났다. 2주 동안 저자는 생사의 기로에 서 있었다. 그 과정에서 생각 바깥에서 생각을 보게 되었고, 생각이 어떻게 작동되는지, 생각의 오류가 우리를 얼마나 옥죄는지 여실히 알 수 있었다. 그 오류를 바로잡으면 우리의 문제를 효과적으로 해결할 수 있다는 것을 알았다. 이 앎을 십여 년간 상담과 후속 연구를 통해 체계적으로 다듬어 이 책에 담았다.

생각의 오류는 진실이 아닌 생각, 실재에 기반하지 않는 생각, 이 생각들에서 파생된 생각 등을 말한다. 인간의 불안, 탐욕, 원인을 알기 힘든 정신질환, 심지어 암과 같은 질병들도 상당 부분이 생각의 오류에서 비롯된다. 우리의 삶은 몸과 생각을 근간으로 이루어진다. 그런데 생각이 고장 나면 어떻게 될까? 몸도 고장이 난다. 나의 일상에도 이상이 생기고, 다른 사람들과의 관계도 탈이 난다. 삶이 고통스러워지기 시작한다. 이런 상황을 효율적으로 해소하려면 문제를 유발한 내 생각의 오류가 무엇인지 알고, 그것을 고쳐야 한다.

이 책은 우리에게 어떤 생각의 오류가 있고, 그것을 어떻게 고칠 수 있는지 밝히고 있다. 우리가 자신의 아픔과 고통을 스스로 치유하고 인생의 주인으로서 살아가도록 안내하기 위해 쓰였다.

생각의 오류를 고쳐 나와 생각, 나와 몸과의 관계가 바로 서면, 우리는 생각을 다룰 수 있고 인생의 여러 난관을 수월하게 넘어설 수 있다. 그리하여 이곳에 자기 자신으로서 존재한다. 여러분이 자신만의 인생길을 걸어가는 데 이 책이 든든한 디딤돌이 된다면 기쁘겠다.

지은이 김명준

차례

3부　어떻게 다르게 생각할 수 있는가

4부　생각은 내가 사용하는 것이다

5부 나는 정말 이 땅, 이곳에서 살고 있습니까?

6부 우리의 꿈을 이루어 주는 힘, 의향과 의지

7부　몸이 있기에 우리는 이곳에 존재한다

8부　나와 몸, 병 그리고 죽음

9부 들어라, 네 가슴의 소리를

10부 나, 어떻게 인생의 중심으로서 있을 것인가

11부 치유와 변화 사례들

1부

고통과 불편의 이면에는 늘 생각의 오류가 있다

우리의 생각은 가정, 학교, 사회에서 주입된 지식, 관념 그리고 스스로의 경험과 학습을 통해서 형성된다. 각자는 자신만의 생각체계, 사고의 틀을 갖고 있다. 그 사고체계가 우리에게 어떤 영향을 주는지 인식하는 것은 참으로 중요하다. 사람들은 막연하게나마 생각이 자신의 삶에 영향을 미친다는 것 정도는 안다. 그러나 그것이 얼마나 심각한지, 얼마나 지대하게 우리의 삶과 생활에 영향을 주는지는 인식하지 못한다. 내가 어떤 생각을 갖고 살아가고 있는지 잘 안다고 생각할 수 있겠지만 실상은 그렇지 않다. 자신이 무의식중에 하는 행동이나 좋아하고 싫어하는 것들, 어떤 현상과 사건에 반응하는 감정들은 내가 미처 인식하지 못하는 생각에 기인한다.

사람들은 흔히 '나는 왜 이런 행동을 늘 반복하지? 나는 왜 이럴까?'라고 자책한다. 그리고 현상으로 드러난 자신의 행동에 초점을 맞춘다. 자신이 그렇게 행동할 수밖에 없게 하는 그 이면의 생각체계는 잘 인지하지 못한다. 생각이 우리가 생각하는 것보다 훨씬 광범위하게 삶에 영향을 미치고 있다는 것을 알면, 생각을 바라보는 내 태도가 달라진다. 생각이 우리를 힘들게 하니까 무작정 그 생각을 없앤다, 죽인다고 하는 것은 생각이 무엇인지 모르는 사람들이 하는 말이다. 생각으로 인해 머리가 터질 것 같고, 미쳐버릴 것 같으니, '생각을 없애면 삶이 좀 편해지겠구나!'라고 생각하는 것이다.

이와 같은 모습들은 마치 자신의 그림자의 형태가 마음에 안 든다고 그림자를 없애려고 하는 것과 같다. 가능하지 않은 일이다. 또 다른 불편이나 고통이 수반되기 마련이다. 우리가 생각의 체계나 그것의 에너지를 다르게 변화시킬 수는 있어도 생각자체를 없앨 수는 없다. 우리의 심적 고통이나 육체적 불편들은 대개 내 생각에 어떤 오류가 크게 자리를 잡고 나를 옥죄고 있다는 뜻이다. 그 오류는 사실 내가 스스로 만든 것이다. 가정과 사회에서 주입된 것들도 있지만, 그 역시 내가 허용한 것이거나 더 강화시킨 것들이다. 나의 불편과 고통을 해소하려면 다른 것보다 내 생각의 오류를 돌아보는 것이 우선되어야 한다.

예를 들어 내가 누군가와 불편한 관계에 있다면, 상대방의 그 모습에 반응하는 내 생각의 어떤 면을 볼 수 있어야 하고, 경제적으로 어려움을 겪고 있다면, 그것이 가리키는 돈에 대한 나의 자세나 생각의 패턴을 돌아봐야 한다. 또 병을 앓고 있다면, 그 병이 알려 주는 내 식습관이나 생활방식, 몸에 대한 태도 등을 점검해 봐야 한다. 그러면 무심코 지나쳤던 내 생각의 패턴들이 인식되고, 그 오류를 고칠 수 있다. 이 단원에서는 우리의 삶에서 문제는 무엇이고, 그것을 어떻게 해결할 수 있는지 살펴본다. 또한 우리가 가야 할 길과 생각의 초점을 바로잡는다는 것은 무엇인지 알아본다.

우리에게
문제는 무엇인가

문제의 본질은 늘 나의 생각에 있다.

우리가 삶에서 문제라고 하는 것은 무엇을 말하는가? 어떤 사건으로 촉발된 '나의 고통과 괴로움'이다. 그 사건 자체가 아니다. 이를 명확하게 구별할 수 있어야 한다. 사람들은 흔히 이 둘을 같은 것으로 취급한다. 그래서 '그 사건만 아니었어도' 혹은 '그놈 때문에 그래.'라고 말하면서 나의 고통과 괴로움을 그 사건이나 그와 관련된 사람과 동일시한다. 자동적으로 그에 대한 비난, 전가, 원망이 발생한다. 서로 간의 관계는 뒤틀리고 문제는 더욱 꼬인다. 문제의 본질은 나에게 그런 상황을 유발한 나의 편견, 가치관, 선입관, 관념들이다. 즉, 나의 생각이다. 이것을 간단히 확인할 수 있는 방법이 있다.

우리에게 문제는 '나의 고통과 괴로움'이다.

만약 어떤 사건이 나와 상관없는 일이라면, 나는 그 사건에 신경 쓰지 않거나 그 일은 나에게 문제를 일으키지 않는다. 그런데 똑같은 사건일지라도 내가 그 사건에 관여하거나 그에 대해 가치판단을 한다면 문제가 발생한다. 내 생각대로 되지 않은 것에 대한 불만, 분노, 갈등, 불안이 표출된다. 내 생각이 어떻게 반응하고 작동하는가에 따라 그 사건이 문제가 되기도 하고 그렇지 않기도 한다. 더 큰 문제로 확대될 수도 있다. 나의 생각을 제대로 들여다보지 못할 경우, 나는 생각이 만든 상에 사로잡혀 엉뚱한 것들과 싸우거나 문제에 대한 책임을 외부에 전가하게 된다.

내가 정말로 문제를 해결하고자 한다면, 지금 나의 실패, 서러움, 위축, 분노, 원망, 상처부터 존중할 수 있어야 한다. 그것이 지금 나에게 문제이고, 내가 당면한 현실이다. 그 상처와 아픔은 내가 돌보지 못하면 아무도 돌볼 수 없다. 더욱이 그것을 내가 외면하거나 배척한다면, 그것은 해소될 길도 없다. 그저 세월의 흐름 속에서 망각되거나 기억 속에 잔류할 뿐이다. 그것이 유사한 사건들로 재연된다. 나의 상처와 아픔을 온몸으로 받아들여 내가 충분히 아파하고 눈물 흘릴 때, 그리고 지금 나의 이 모습에 그대로 "예" 할 때, 그 상처와 아픔은 나에게 녹아들어 힘이 된다.

문제의 본질은 나의 그릇된 지식, 어떻게 잘 되겠지 하는 방만한 생각, 기대, 예상, 가치판단과 같이 나를 실재와 분리시킨 생각들이다. 그런 생각에 기초한 나의 안이한 습성과 태도가, 그에 따른 감정과 행동이 나에게 고통과 눈물로 돌아왔던 것이다. 내가 그 아픔에 "예" 하고, 그것을 가져온 내 생각의 오류들 역시 감사하게 받아들일 때, 그 오류를 고칠 수 있다. 그리하여 스스로 나의 눈물을 닦아줄 수 있다.

우리는 이미
자신만의
고유한 힘이 있다

스스로 선다는 것은
내가 인생의 중심으로서 있다는 것이다.

우리가 가슴 깊이 새겨 두어야 할 치유의 기본원리가 있다. 삶의 변화원리이기도 하다.

내가 스스로 서야 한다는 것을 알고,
내가 스스로 설 수 있는 힘이 있다는 것을 아는 것이다.

이 치유의 기본원리가 우리 몸에 녹아들지 않으면, 아무리 누구한테 좋은 얘기를 들어도, 누가 훌륭한 치유 방법을 알려준다고 해도 소용이 없고 효과도 없다. 많은 사람들이 자신의 어려움을 해소하거나 병을 치료하기 위해 여러 전문가를 찾아다닌다. '이 사람이 나를 낫게 해주겠지.'라는 기대감이 있다. 그 기대가 실제로 나를 도와줄 사람에게 안내하기도 하고, 삶에 전환점을 제공하기도 한다. 그렇지만 내가 정말 도움이 되는 뭔가를 얻고, 나에게서 어려움이나 병이 수월하게 지나가려면, 이 치유의 기본원리가 몸에 배어 있어야 한다.

사람들은 스스로 서고 싶어 한다. 그런데 막상 스스로 선다는 것이 무엇인지 알지 못한다. '스스로'는 단순히 '홀로, 독립적으로'라는 뜻만은 아니다. 그런 모습이 과정상 필요하긴 하지만 궁극적으로는 내가 세상과 하나로 울리는 상태를 말한다. 나에게 필요한 모든 힘이 이미 나한테 있다는 것을 알고, 나는 인생의 중심에 중심으로서 있는다. 마치 태풍의 눈이 고요하게 있으면서 태풍 전체와 하나로 있는 상태와 같다. 나는 나의 힘을 어떻게 활용할 수 있는지 알며, 이 삶을 감사하고 풍요롭게 잘 살다 간다.

우리가 이와 같은 상태에 이르는 것이 저 멀리 있거나 어렵기만 한 것은 아니다. 그것은 늘 우리와 하나로 맥동하고 있다. 우리의 본질적인 모습이자 상태이기 때문이다. 생각의 오류로 인해 우리가 그 사실을 잠시 잊고 있을 뿐이다. 생각의 오류가 바로잡히고, 가슴과 심장이 활성화되면, 여러분이 본래 지니고 있었던 힘이 여러분에게 오롯하게 다가올 것이다.

우리가
가야 할 길

나는 이 삶을 진정으로 누리면서 살고 있는가.

우리에게는 각자 가야 할 길이 있다. 가야 할 길은 무엇을 말하는가? 그것은 우리의 운명 같은 것을 말하는 것이 아니다. 우리에게 정해진 사명이나 소명이 있어서 그 길을 가야 된다는 것도 아니다. 각자가 가야 할 길은 내가 한 사람으로서 이 세상을 잘 누리고, 존중받는 길을 말한다. 그것의 구체적인 모습들은 다 다를 것이다. 각자가 처한 환경이나 상황이 다르기 때문이다. 그 환경과 상황 속에서 자신이 생각한 대로 사는 것이 세상을 잘 누린다는 뜻이다. 그것은 소위 파렴치한이나 사람들이 생각하는 나쁜 사람이라도 마찬가지다. 그 사람들 역시 자신이 생각한 대로 삶을 사는 것이다. 이 세상을 잘 누린다는 것은 선악의 관점과는 관계가 없다.

그럼, 그 결과는 어떻게 되는 것인가? 당연히 그렇게 행동한 그 사람이 책임을 져야 한다. 각자가 어떤 삶을 누리든 결과는 각자가 지는 것이다. 그것이 생각 속에 갇힌 삶이라 해도 상관없다. 그 사람은 그러한 삶을 누리다 가는 것이다. 이 세상을 누리는 삶이라고 해서 어떻게 하면 우리가 올곧은 삶을 살 수 있는가를 이 책에서 말하고자 하는 것은 아니다.

좋다, 나쁘다는 것은 항상 상대적이다. 누군가의 인생이 어떤 사람의 눈에는 좋은 인생처럼 비춰질 수 있고, 다른 사람의 눈에는 잘못된 인생처럼 여겨질 수 있다. 막상 본인 입장에서는 좋다, 나쁘다는 생각 없이 나름대로 자신의 삶을 살고 있다고 생각할 수도 있다. 또한 다른 사람들이 자신을 어떻게 평가하는지 잘 알고 있지만, 그 평가가 자신에게는 별 상관이 없을 수도 있다. 이처럼 세상을 누리는 삶이라고 할 때, 그것이 사람들이 생각하는 이상적인 삶은 아닐 수 있다. 사람들이 생각하는 삶은 각자의 기준일 뿐이다. 다른 사람의 삶에 대해 자신의 기준으로 왈가왈부하는 것은 상당히 엉뚱한 얘기다.

각자 가야 할 길은 자신이 생각한 대로 살되, 존중받는 것이다. 존중은 인간관계의 기본요소다. 거의 모든 사람은 존중받고 싶어 한다. 내 모습이 어떻든 상대방이 그것을 부정하거나 비난하지 말고 받아들였으면 좋겠다, 내가 이렇다는 것을 알아줬으면 좋겠다는 것이다. 그런데 자신이 존중받기 위해서는 선행되어야 할 게 있다. 지금 자신이 존중받기를 원하는 대로 상대를 존중할 수 있어야 한다. 내가 상대방을, 이 세상의 모든 것을 존중하면, 그들로부터의 존중은 자연스럽게 따라온다. '내가 어떻게 하면 존중받지?'를 고민한다고 해서 될 일은 아니다.

각자가 가야 할 길은 한 인간으로서 이 세상을 잘 누리고, 존중받는 길이라고 했다. 그런데 저자가 여기서 왜 '가야 할'이라는 표현을 사용했을까? 가야 할 길이라고 말함으로써 사람들한테 어떤 경각심을 불러일으키기 위함이다. '지금 나의 삶이 정말 내가 원하는 삶인가?' '나는 진정으로 이 삶을 누리면서 살고 있는가?'를 스스로 느껴 보게 하는 것이다. 각자 진지하게 이 질문들을 스스로에게 한번 던져 보기 바란다. 이 삶에서 내가 가야 할 길을 가슴속에 다지는 계기가 될 것이다.

생각의 초점을
바로잡으면
인생의 답이 보인다

생각의 초점을 바로잡는다는 것은
생각의 오류를 고쳐 내가 정확한 인식을 갖는 방법이다.

우리가 삶에서 겪는 문제는 수많은 요인에 기인하지만 단순히 생각의 초점이 맞지 않아서 생기는 현상이라고 할 수 있다. 예컨대 햇빛을 모으는 돋보기의 초점이 맞지 않아 먹지를 태울 수 없거나, 카메라 렌즈의 초점이 맞지 않아서 사진이 흐릿하게 나오는 상태와 같다. 나의 부정확한 인식으로 인해 내가 어떤 현상에 초점을 제대로 맞출 수 없는 경우다. 그러면 나와 그 대상 간에 공명이 일어나지 못하고, 내가 필요로 하는 에너지와도 차단된다. 그것이 현실에서 나의 고통이나 아픔으로 돌아온다. 생각의 초점을 바로잡으면 그러한 문제를 근본적으로 해소할 수 있다.

여기서 생각의 초점을 바로잡는다는 것은 내 생각의 오류를 고쳐 내가 정확한 인식을 갖는다는 뜻이다. 그렇게 되려면 먼저 생각에 대해서 잘 알아야 한다. 무엇보다도,

'나는 생각이 아니다. 하지만 나는 생각과 하나다.'

라는 인식이 분명해야 한다. 나와 생각과의 관계는 실체와 그림자와의 관계와 같다. 실체가 없으면 그림자는 존재할 수 없듯, 내가 없으면 생각은 존재할 수 없다. 또한 그림자가 실체일 수 없듯, 생각이 나일 수는 없다. 이것은 하나의 질서다. 나와 생각은 서로 분리될 수 없는 관계에 있어도, 나는 생각이 아니다. 이 인식이 분명하지 않고서는 생각을 다루기가 너무 힘들고, 그에 따른 결과들도 비효율적이다. 카메라 렌즈의 초점을 맞출 수 있는 주체인 내가 없는 상태와 같기 때문이다.

'나는 생각이 아니다.'라는 인식과 함께 생각에 대해서 잘 알면, 우리는 그동안 삶에서 난공불락 같았던 많은 문제들을 상당히 효율적으로 해결할 수 있다. 다만 정확한 인식만으로 인생의 깊은 상처나 병이 치유되기에는 한계가 있다. 그것이 치유되려면 치유를 일으킬 수 있는 힘이 있어야 한다. 그 힘이 우리의 심장에 있다. 치유는 심장의 힘에 의해 이루어진다. 심장의 힘을 활용하려면 심장을 느낄 수 있어야 한다. 이에 대해서는 9부에서 언급한다.

생각의 초점을 바로잡는 것은 나를 치유하는 것이기도 하고, 내 고장 난 생각을 고쳐 생각도 치유되는 것이다. 그것이 생각을 진정으로 존중하고 이 세상과 다른 사람들을 존중하는 것이기도 하다. 나와 이 세상은 서로 맞물려서 돌아가기 때문이다. 생각의 초점이 바로잡힐 때 나는 나의 자리에 서고, 인생의 주인으로서 살아간다.

나도 당신과 같은 사람입니다

예,
나도 당신과 같은 사람입니다.
당신처럼 실수도 하고, 착각도 하고, 넘어지기도 하는
수많은 평범한 사람들 중에 하나입니다.

예,
당신처럼 좋은 분을 만나서 감사합니다.
나도 당신처럼 잘살고 싶고, 도움도 주고 싶은
수많은 사람들 중에 한 사람입니다.

예,
나는 당신과 같은 사람입니다.
기쁨도 누리고, 꿈도 이루고, 행복해지고 싶은
당신과 같은 사람입니다.

예,
나도 당신처럼 많이 울었습니다.
많이 힘들었습니다.
어딘지도 모를 안개 자욱한 곳에서 많이 헤맸습니다.

그러나 어느덧
나에게 일어난 모든 일이 그대로 옳다는 것을,
또 당신에게 일어난 모든 일 역시 그대로 옳다는 것을
알게 되었습니다.

예, 우리는 같은 사람입니다.

2부

치유는
정확한 인식에서
시작된다

언어는 사회구성원 간에 약속된 하나의 기호체계다. 이 책에서 말하는 언어는 구체적으로 단어와 문장을 의미한다. 각 단어의 조합이 문장을 이루고, 말과 글로써 사람들 간에 소통된다. 이때 사용되는 단어는 각각 나름의 의미를 갖는다. 예를 들어 '씨앗'이라는 단어가 생겼을 때, 아무런 사회적 약속 없이 씨앗이라는 의미가 만들어진 것은 아니다. 의성어 역시 즉각적인 의미는 갖고 있지 않을지라도 그것이 어떤 상황에서 쓰인다는 약속이 있다. 가령 '쾅쾅쾅쾅'이라는 의성어는 도서관에서 책 읽는 상황으로 쓰이지는 않는다. 사람들도 그것을 안다. 어린 아이들은 그림책 등을 통해서 그 의성어가 어떤 상황묘사에 쓰인다는 약속을 배운다.

이와 같이 사회구성원 간에 정해진 약속에 따라 우리는 자신의 상황에 맞는 말과 글을 사용한다. 이때 사용되는 단어 하나하나는 필연적으로 나름의 의미공간을 갖는다. 그 의미공간은 실재하지 않는다. 사람들의 머릿속에 존재하는 가상공간이다. 그런데 단어의 의미가 사전에 이미 정의되어 있음에도 사람들이 약속된 단어의 의미보다 더 많은 의미를 갖고 있는 경우가 많다. 게다가 생각으로 인해 사람들은 그 단어의 의미를 주관적으로 바라볼 수밖에 없다. 그래서 같은 단어를 쓰더라도 A라는 사람과 B라는 사람은 서로 다른 의미공간, 서로 다른 뉘앙스의 가상공간을 갖게 된다.

사람들이 갖고 있는 가상공간은 각자의 경험, 가치관, 관념, 감정 등에 의해 매우 복합적이고 복잡하게 형성된다. 그 사람의 생각, 감정, 태도가 어떠냐에 따라서 각자의 가상공간의 모습들은 천차만별이 된다. 어떤 사안이나 사건에 대해 사람들이 갖고 있는 주관적 의미는 실제와는 다르게 왜곡된 부분들이 상당히 많다. 그것이 사실과 일치하지 않는 것들도 한두 가지가 아니다. 자신이 사용하는 단어나 문장의 의미가 지나치게 왜곡될 경우 삶과 인생이, 다른 사람들과의 관계가 고통스러워지기 시작한다. 각자의 가상공간이 다른 상태에서 특정 사람이나 사건에 대해 함부로 말하는 것은 큰 화를 초래할 수 있다.

사람들이 지닌 주관적 개념들로 인해 서로의 가상공간은 다를 수밖에 없음을 알고, 그 다름을 이해하고 존중하는 것이 중요하다. 평소 자신이 당연하다고 여기는 생각에 주의하고, 내가 생각이 만든 가상공간 속에 갇혀 있는 것은 아닌지 스스로 돌아볼 수 있어야 한다. 이러한 태도는 우리가 자신과 다른 사람들의 모습을 제대로 바라보는 데 지대한 영향을 미친다.

이 단원에서는 가상공간이 우리 삶에 어떤 영향을 미치고, 그로 인한 고통에서는 어떻게 자유로워질 수 있는지 살펴본다. 또한 언어침술은 무엇이고, 기본이 되는 언어침술 문장은 어떤 것들이 있으며, 그것을 언제 사용하면 되는지 알아본다.

생각이 만든 가상공간에 갇혀 있는 사람들

정확한 인식이
내가 놓인 상황이나 어려움을 돌파하게 한다.

생각은 단어와 문장을 조합하여 표현된다. 앞서 말했듯, 우리가 사용하는 단어와 문장은 각각 나름의 의미공간을 갖는다. 그 의미공간은 우리의 머릿속에 존재하는 가상공간이다. 예를 들어 사과가 있다고 할 때, 눈앞의 실제 사과와 가상공간상의 사과는 다르다. 머릿속에 있는 사과는 종류도 여러 가지고, 그와 관련된 단어들도 많다. 생각이 만든 그림들도 있고, 감정이 가미돼 만들어진 이미지도 있다. 어떤 사안이나 사건에 대해 이런 방식으로 만들어진 가상공간이 사람들의 머릿속에는 참으로 많다.

우리가 흔히 무의식이라고 말하는 것도 자신이 미처 인식하지 못하는 모든 가상공간들의 총칭이라고 할 수 있다. 그런데 아무리 무의식이 복잡하고 미묘한 작용을 일으킨다고 할지라도 무의식은 단순히 생각이다. 무의식에 대한 지나친 의미부여는 자칫 우리를 무의식이라는 가상공간에 갇히게 할 수 있다. 사람들이 가상공간을 갖고 있는 것 자체는 문제가 되지 않는다. 그러나 그중에 어떤 것이 진실이 아님에도 철석같이 진실이라고 믿거나, 실재하지 않는데도 실재한다고 착각할 경우, 현실에서의 갈등은 피할 수가 없다. 누군가가 자기세계에 빠져 있다는 것도 그가 진실이라고 믿는 가상공간에 갇혀 있다는 뜻이다.

이 세상을 어떤 태도로 살아가느냐는 각자가 지닌 가상공간들의 내용이 어떠냐에 따라서 사람들마다 천양지차로 나타난다. 그만큼 생각이 만들어 낸 가상공간은 각자의 삶에 커다란 영향을 미친다. 평소 머릿속이 복잡하거나 생각으로 인해 고생하는 사람이 있다면, 그에게 뭐라고 얘기해 주는 게 도움이 될까? 단순하지만 효과적인 방법은 "당신이 지금 가상공간 안에 갇혀 그 속에서 놀고 있는 모습, 그 안에서 고민하고 있는 모습을 한번 상상해 보세요."라고 말해 주는 것이다.

사람들의 심적 고통은 대부분 자신이 진실이라고 믿는 생각을 놓아주지 않을 때 발생한다. 어떤 사안이나 사건에 대한 의미부여와 가치판단이 심할수록 그와 연관된 가상공간 속에 더 단단히 갇혀 있을 수밖에 없다. 사람들이 미치지 않을 수 있을까? 소위 사회적으로 사이코패스라고 지탄의 대상이 되는 사람들, 어떤 것을 위해 유난히 실속을 차리는 사람들, 생각이 어느 한쪽으로 상당히 편향된 사람들의 모습은 그들이 각자 어떤 가상공간 속에 갇혀 있다는 것을 의미한다. 자신이 진실이라고 믿는 관념이나 도그마가 그에게 크게 영향을 미치고 있는 경우다. 중요한 것은 그러한 모습들이 잘됐다 잘못됐다는 것을 떠나 그것이 어디에서 연유하고, 그것을 어떻게 극복할 수 있는지 아는 것이다.

정확한 인식은 - 수많은 가상공간들이 어떤 내용으로 이루어져 있든 그것에 어떤 감정이 뒤섞여 있든 관계없이 - 우리가 놓인 상황이나 어려움을 돌파하게 한다. 사람들이 살아가면서 어느 순간 남한테 듣는 말 한마디, 우연히 어떤 책에서 본 한 구절이 번갯불처럼 자신의 뇌리에 꽂혀 삶을 근본적으로 바꾸는 것도 같은 맥락이다. 그 말 한마디, 그 한 구절이 그의 삶을 변화시키는 방아쇠 역할을 한 것이다. 이 책에서 제시되는 여러 통찰과 아래에서 언급될 언어침술 문장들도 그런 역할을 할 수 있다.

언어침술은
무엇인가

"아니요"라고 말할 수 있는 힘도 "예"에서 온다.

사람들은 각자 자신의 생각대로 살아간다. 그중에는 오류가 있는 생각도 많다. 그 생각을 진실이라고 여길 경우, 사람들은 생각의 오류가 만든 가상공간 속에 갇힌다. 자신의 생각이 옳다고 여기기에 자신이 오류가 있는 가상공간에 있다는 것은 인지하기 힘들다. 그 생각을 행동으로 옮겼을 때, 현실에서 좌절이나 고통을 겪게 된다. 그 과정이 꼭 잘못되었다고 할 수만은 없다. 그로 인해 배우게 되는 것도 있고, 더 성숙해지기도 하며, 새로운 길이 열리기도 한다. 다만 내가 지치고 힘들 때, 그 상황을 어떻게 슬기롭게 넘어설 수 있느냐가 중요하다.

이때 도움을 주는 것이 정확한 인식과 언어침술 문장이다. 언어침술 문장은 본질적인 통찰에 기반해 만들어진 짧은 문장이다. 우리로 하여금 정확한 인식의 문을 열어 내 생각의 오류를 교정하는 역할을 한다. 그럼으로써 삶을 건강하게 한다. 예컨대 한의사가 기혈이 막힌 부분을 침으로 소통시켜 건강에 도움을 주는 방법과 비슷하다. 단지 침 대신 짧은 문장을 사용한다는 점에서 저자가 언어침술이라고 명명했다.

우리가 힘든 상황을 겪는 것은 주로 인생의 깊은 상처가 만든 가상공간에 갇혀 있을 때 발생한다. 저자는 의뢰인이 사용하는 몇몇 단어와 문장 등을 통해 지금 의뢰인이 어떤 가상공간에 갇혀 있는지 금방 감지한다. 의뢰인의 삶을 그대로 존중하면서 가만히 기다리다 보면, 그 상황에 맞는 언어침술 문장이 번개처럼 떠오른다. 그 문장을 의뢰인으로 하여금 천천히 따라 하게 한다. 그러면 의뢰인은 왈칵 눈물을 쏟기도 하고, 깊은 안도의 숨을 내쉬기도 한다. 의뢰인의 인식이 변하고 문제의 요인이 되었던 가상공간도 해소된다. 자연스럽게 인생의 상처가 아문다.

언어침술 문장은 우리의 생각과 감정에 질서를 잡아 주고, 아픔이나 고통을 스스로 치유할 수 있게 돕는다. 기본이 되는 것은 20개 정도 된다. 그 문장을 몸이 아플 때 약을 먹듯, 갈증이 났을 때 시원한 물을 마시듯, 그때그때 활용하면 에너지가 금방 안정된다. 어떤 것을 그 있음 그대로 보지 못한 것에서 온 에너지 불균형을 효율적으로 해소시켜 준다. 가장 기초가 되는 언어침술 문장은,

"예"이다.
"아니요"라고 말할 수 있는 힘도 "예"에서 온다.

"예"는 내 인식의 초점을 어떤 상황이나 대상에 맞춰 주고, 내가 그것과 공명하게 한다. 그리하여 나의 인식에 새로운 차원을 여는 열쇠 역할을 한다.

언어침술 문장을
제대로
말하는 법

언어침술 문장은

가슴에서 소리 내어 말할 때 효과적이다.

우리의 목소리는 단순히 입에서만 나오는 것이 아니다. 목과 성대를 통해서 나오는 것만도 아니다. 온몸이 사용되어 나온다. 사람들이 부분적인 인식에 사로잡혀 있기에 목소리가 몸의 일부에서만 나온다고 느낄 뿐이다. 몸은 하나의 울림통이기도 하다. 하나의 세포가 무한 분열하여 몸이 되었다는 것을 안다면, 몸 전체가 하나로 공명한다는 것도 알 수 있다. 언어침술 문장을 그 뜻을 새기며 가슴에서 천천히 소리 내어 말할 때, 생각과 감정에 질서가 잡힌다. 그것이 우리의 치유나 변화로 나타난다. 몸이 하나로 있다는 것을 인식하기 위해서도 문장을 소리 내서 말하고, 몸으로 지각하는 연습이 중요하다.

거울을 보고 문장을 말하는 것도 효과적이다. 거울에 비친 나의 눈을 보면서 말한다. 그러면 문장을 말하는 내 모습과 표정까지 볼 수 있어서 문장이 더 각인되는 효과가 있다. 사람들이 주위에 있어서 문장을 말하기 곤란할 경우에는 속으로 말하면 된다. 평상시 문장을 큰 소리로 발성하고 지각하는 연습을 해 둔다. 그 감각을 몸에 익혀 두면 속으로 말해도 그 소리가 몸 전체에 울리는 것과 같다.

내가 하는 말을 가슴에서 지각하고 느끼는 연습을 통해 내가 인생의 주인으로서 말하는 것인지, 생각이 나를 대신해 그럴듯하게 말하고 있는 것인지 감지할 수 있다. 평소 우리가 하는 말들은 주로 입에서만 나오거나, 생각이 머릿속에서 혼자 떠드는 소리일 경우가 많다. 그것은 생각이 나를 지배할 때 나타나는 현상들이다. 소위 영혼 없는 얘기, 공허한 얘기가 되기 쉽다. 우리를 이곳이 아닌 다른 곳, 생각이 만든 상이나 다른 사람들이 만든 정보 속에 가 있게 한다. 내가 하는 말을 가슴에서 지각하고 느낄 때, 나는 이곳에 있게 되고, 나의 말을 한다. 나의 말을 할 때, 나의 생각을 하며, 내가 원하는 변화를 이룰 수 있다.

기본적인
언어침술 문장들

언어침술 문장은 우리를 자기 자신으로 존재하게 한다.

삶에서 기본이 되는 관계들이 있다. 첫째, 나와 부모님, 배우자, 자녀와의 관계다. 둘째, 나와 다른 사람, 다른 것과의 관계이며, 셋째, 나와 몸, 생각, 나 자신과의 관계다. 각각의 대상들에 어떤 태도를 갖고 있는가에 따라 삶은 달라진다. 내 생각에 오류가 있다면, 나는 힘든 인생길을 걸어가게 될 것이다. 이때 나의 생각과 감정에 질서를 바로잡아 주고, 내가 자기 자신으로 존재하게 하는 역할을 하는 것이 언어침술 문장이다.

어떤 언어침술 문장을 어느 상황에서 사용할 수 있다고 아는 것은 살아가면서 큰 도움이 된다. 누구한테 의존하지 않아도 되고, 나의 상황에 맞춰 스스로 효율적인 처방을 내릴 수가 있다.

나와 부모님 또는 나와 자녀 관계에서 사용되는 문장

1) 부모가 자녀에게(가슴에서 자녀의 존재를 느끼면서 말한다.)

"~~아(야),

너는 언제나 그대로 옳다.

네가 이 세상에 있어서 기쁘구나."

"~~아(야),

너는 언제나 완전하단다.

아버지(엄마)는 언제나 너를 위해 있다.

네가 있어서 늘 감사하다."

2) **자녀가 부모님께**(가슴에서 부모님의 존재를 느끼면서 말한다.)

어머니께:

"예, 엄마(어머니).

당신은 언제나 완전합니다.

저도 완전한 당신의 아들(딸)입니다."

"예, 엄마.

당신을 저의 엄마로 만나서 감사합니다.

제가 당신의 아이여서 기쁩니다."

"예, 엄마.

당신은 언제나 그대로 옳습니다.

저는 다시 태어나도 당신을 저의 엄마로 만나고 싶습니다.

당신이 계셔서 늘 감사합니다."

아버지께:

"예, 아버지(아빠).

당신은 언제나 완전합니다.

저도 완전한 당신의 아들(딸)입니다."

"예, 아버지.
당신을 저의 아버지로 만나서 감사합니다.
제가 당신의 아이여서 기쁩니다."

"예, 아버지.
당신은 언제나 그대로 옳습니다.
저는 다시 태어나도 당신을 저의 아버지로
만나고 싶습니다.
당신이 계셔서 늘 감사합니다."

3) 배우자에게(가슴에서 배우자의 존재를 느끼면서 말한다.)

"예,
당신은 언제나 완전합니다.
당신이 있어서 늘 감사합니다.
사랑합니다."

"예,
당신은 언제나 그대로 옳습니다.
당신을 아내로(남편으로) 만나서 감사합니다.
당신은 그 모습 그대로 언제나 제 가슴속에 계셔도 됩니다."

우리의 삶에서 가장 깊은 영향을 미치는 것은 부모와 자녀 간의 관계이다. 이 관계가 존중으로 흐르지 못하면, 우리는 평생을 근심과 우환 속에서 살아간다. 사람들이 범하기 쉬운 실수 중에 하나는 '변할 수 없는 것'과 '변하는 것'을 동일시하는 현상이다. 예를 들어 부모가 부모라는 사실 자체는 영원히 변함이 없다. 반면 부모의 모습이나 부모에게서 일어나는 상황은 늘 변화한다. 부모의 어떤 모습이 마음에 안 들 수 있고, 소위 잘못됐다고 여길 수 있는 부분들도 있다. 그렇다고 변할 수 없는 것과 변하는 것을 동일시하면, 부모의 어떤 모습이 마음에 안 든다 하여 자칫 부모의 존재 자체를 부정하기 쉽다. 변할 수 없는 것을 부정하는 것이 된다. 생각으로는 가능해도 본질적으로는 가능하지 않은 일이다.

부모에 대한 불만, 비난, 원망 등은 다 가능하지만 부모의 존재 자체를 부정하는 것은 가능하지 않다는 것을 잘 알아야 한다. 자녀가 부모의 존재 자체를 부정할 경우에 원인 모를 무기력, 실패, 좌절, 질병 등으로 자신을 스스로 벌주게 된다. 자녀의 무의식 깊이 작용하는 양심의 작용 때문이다. 우리가 그것을 표면적으로 감지하기는 힘들다. 자녀가 부모의 존재 자체를 부정했더라도 다음과 같이 말하면 도움이 된다.

먼저 자신의 상황에 그대로 "예" 한다.

잠시 침묵한 후에,

"예, 저도 아파서 그랬습니다. 제가 잘 몰랐습니다."라고 말한다.

부모에 대한 원망이나 상처가 깊을 경우, 2)번 문장에 반발하는 자녀도 있을 것이다. 물론 그래도 된다. 다만 자녀는 자신을 위해서도, 자신의 내면 깊숙이 감춰져 있는 부모님에 대한 사랑을 위해서도, 그 아픔을 딛고 일어서는 것이 자신에게 주어진 과제일 수 있다. 부모님에 대한 복잡한 감정이 올라온다면, "예, 저도 많이 아픕니다."라는 말이라도 가슴속에서 얘기해 본다. 마음이 한결 편안해질 것이다. 나아가서 폭력을 행사하거나 학대를 하는 부모가 있다면, 자녀는 "예, 그래도 저는 살겠습니다."라고 가슴속에서 말한다. 힘이 생기는 것을 느낄 수 있다. 부모의 폭력이나 학대가 심한 경우라면, "예, 그래도 당신은 저의 부모입니다. 하지만 저에게는 저의 삶이 있습니다."라고 말한다. 자녀는 그 부모에게서 자립하는 것이 쉬워진다.

부모 역시 자녀의 존재, 그 있음 자체를 부정하는 것은 가능하지가 않다. 자녀의 어떤 모습이 마음에 안 들 수 있고, 자녀를 질책할 상황이 올 수도 있다. 그러나 자녀의 그 있음, 존재 자체를 늘 볼 수 있어야 한다. 그러면 문제가 되었던 상황이 자연스럽게 해소된다. 부부가 자녀를 둔 상태에서 이혼한 경우에는 내면에서 큰 죄책감에 사로잡혀 있을 가능성이 높다. 경제적으로 곤궁한 상태에 있으면 더하다. 이때 부모는 자신이 아이들의 부모로서 있다는 사실에 흔들림이 없도록 노력해야 한다. 자신이 힘들더라도 '내 상황이 어떠하든, 나는 언제나 너의 아버지로서 있다.' 혹은 '너의 엄마로서 있다.'는 사실을 가슴속에서 다진다. 거울 속에 비친 자신의 눈을 보면서 말하는 것도 효과적이다.

아이가 표면적으로 부모를 원망하는 듯 보일지라도, 아이의 상처가 그만큼 깊다는 뜻으로 부모는 알아차릴 수 있어야 한다. 자녀의 그 모습을 그대로 가슴속에 품는 연습이 부모와 자녀 모두에게 도움이 된다.

부모, 배우자, 자녀로 한번 맺어진 인연은 영원히 변할 수 없다. 그것은 부부가 이혼을 했어도 마찬가지다. 그 관계에서 자녀가 있든 없든 관계없다. 가족으로서 있었던 인연을 부정할 경우에 자신의 존재를 그만큼 스스로 부정하는 것이 된다. 진정한 이별은 오직 존중으로만 가능하다. 여기서의 존중은 존재에 대한 존중을 말한다. 상대방이 있음을 알고, 그의 모습이 그렇다는 것을 그대로 받아들이는 것을 의미한다. 자신에게 일어난 일을 부정하면, 우리는 그것에 그만큼 얽매인다. 그 얽힘은 내가 그것에서 벗어나고 싶다고 해서 벗어날 수 있는 것이 아니다. 나에게 일어난 일이나 상대방의 존재를 그 일, 그 모습으로서 받아들일 때 풀린다.

부부가 이혼을 했다면 위의 3)번 문장에서 일부 문장을 과거형으로 표현하면 온전한 이별에 도움이 된다. 예를 들어 "예, 당신을 저의 아내로(남편으로) 만나서 감사했습니다. 당신은 언제나 그 모습 그대로 제 가슴속에 계셔도 됩니다."라고 말한다. 그리고 상대방과의 관계에서 일어났던 일들에서 조용히 물러나거나, 자신이 붙잡고 있었던 생각을 놓아 주는 상상을 한다. 마음이 편해지는 것을 느낄 수 있을 것이다. 그 관계에서 태어난 아이들도 더 잘 자라고, 새로운 인연을 만날 경우 그 관계도 안정된다.

나와 다른 사람, 다른 것과의 관계에서 사용되는 문장

- 예, 나도 당신과 같은 사람입니다.
- 당신은(모든 것은) 언제나 그대로 옳습니다.
- 당신처럼 좋은 분을 만나서 감사합니다.
- 당신은 언제나 내 가슴속에 그대로 계셔도 됩니다.
- 사랑입니다. 그 역시 사랑입니다.
- 예, 모든 것은 그렇게 있어도 됩니다.
- 나는 세상의 빛을 그대로 받아들입니다.

모든 사람은 대등하다. 그리고 완전하다. 완전함과 대등은 이 세상과 우주를 존재하게 하는 핵심원리들 중에 하나이다. 완전하다는 것은 '모든 것이 다 있고, 어떤 현상이든 다 일어날 수 있다.'는 뜻이다. 대등은 '모든 것은 무한한 가능성 중에 하나로서 같은 힘을 지니고 있다.'는 것이다. 완전함에 대해서는 10부에서 살펴보고, 이곳에서는 대등에 대해서 간단히 언급하려고 한다.

나뭇잎 하나하나는 각각 무한한 가능성 중에 하나로서 있다. 나무 전체도 무한한 가능성 중에 하나로서 있다. 나뭇잎 하나하나와 나무 전체는 각각 무한 가능성 중에 하나로서 서로 대등하고, 같은 힘을 지니고 있다. 그렇기에 각각의 나뭇잎이 나뭇잎으로서 있을 수 있고, 나무 전체가 나무로서 존재할 수 있으며, 나무가 나무로서의 속성을 지닐 수 있다. 바닷가의 모래알 하나하나와 바다 전체도 각각 무한한 가능성 중에 하나로서 대등하고, 같은 힘을 지니고 있다. 그렇기에 바닷가의 모래알이 모래알로서, 바다가 바다로서 있을 수 있으며, 우리가 보는 바다의 풍경이 존재할 수 있다. 우리 몸의 세포 하나하나와 몸 전체와의 관계도 마찬가지이고, 사람들 하나하나와 이 세상과의 관계도 마찬가지이다.

대등이라는 존재 원리가 없다면, 이 세상과 우주는 존재할 수 없다. 사람들이 누리고 있는 모든 것들도, 지금 사람들의 그 모습, 속성, 성향도 가능하지가 않다. 그럼에도 사람들이 현상적으로 드러난 모습만으로 나는 본질적으로 너와는 다르다고 여기면 어떻게 되는가? 사람들 간에 분란과 갈등이 일어난다. 인간 세상에 바람 잘 날이 없다. 더욱이 어떤 사람이 누군가의 존재 자체를 부정한다면, 그가 부, 명예, 권력을 얻었다 해도 그것을 오래 누리기 힘들다. 그것이 무너지는 시기, 방식, 규모, 그 정도에 차이가 있을 뿐이다. 누군가의 존재 자체를 부정하는 것은 자신의 존재를 부정하는 것과 같고, 이 세상의 모든 것을 그것으로서 존재하게 하는 힘 역시 부정하는 것과 같기 때문이다.

사람들이 생각 속에 갇혀 있을 때는 이와 같은 사실을 알지 못한다. 사람들은 생각이 만든 상에 사로잡혀 이분법적 사고와 가치, 그에 따른 논리들을 진실처럼 여긴다. 이러한 상황에서 존중은 그저 허울 좋은 명분이 되기 쉽다. 분명한 것은,

'생각의 관점이 아닌 존재의 관점에서 세상을 바라볼 때야 삶에 평화가 찾아든다.'는 것이다.

모든 사람이 대등하다는 것을 알고, 나 역시 수많은 사람들 중에 한 사람으로서 있다는 것을 알 때, 나는 여기에 나 자신으로서 존재한다. 위의 문장들을 천천히 소리 내서 말해 본다면, 달라지는 내 모습과 주변 상황을 느낄 수 있을 것이다.

나와 생각, 몸, 나 자신과의 관계에서 사용되는 문장

- 나는 지금 이 상황을 돌파할 의지를 갖습니까?
- 나는 생각을 존중하되, 그것의 활동을 허용하지 않겠습니다.(이 문장에 대해서는 4부에서 자세히 설명한다.)
- 나는 생각(몸)이 아니다. 하지만 나는 생각(몸)과 하나다.
- 나는 무한한 가능성 자체입니다. 나는 변화해도 됩니다.
- 나에게는 나의 의향을 이룰 수 있는 의지가 있습니다. 그 의지는 나에게서 옵니다.
- 나는 나 위에 서지 않겠습니다.
- 나는 다시 시작합니다.
- 나는 연습합니다.

우리에게 문제는 궁극적으로 어디에서 오는 것인가? 자신의 부재에서 온다. 내가 나의 자리에 없을 때, 특히 나의 존재를 부정하거나 업신여길 때, 우리는 힘든 현실을 만난다. 그럴 때 생각은 더욱 기승을 부리고, 감정은 들끓으며, 상황은 점점 더 안 좋은 방향으로 흘러간다. 그럼, 우리에게 가장 큰 힘을 실어 주는 것은 무엇인가?

언제나 자기 자신이다.

아무리 어려운 상황에 있을지라도, 그것을 돌파할 힘이 나한테 있다는 것을 알 때, 우리는 큰 힘을 얻는다. 결국 우리에게 제일 중요한 것은 언제나 자기 자신이다. 내가 나한테 초점을 제대로 맞출 수 있을 때, 그리하여 내가 나로서 존재할 때, 우리의 문제는 가장 효율적이고 근본적으로 극복된다.

생각에 갇혀 있을 때는 우리가 자신으로서 있는 것이 쉽지 않다. 숱한 생각의 오류들이 그것을 방해한다. 그렇기에 나의 힘을 온전히 발휘하기 위해서는 생각의 오류를 교정하는 것이 긴요하다. 그것은 생각을 내려놓는 것에서 시작된다. 문제는 생각에서 비롯되기 때문이다. 생각을 나라고 여기는 현상, 즉 나와 생각과의 동일시가 문제의 본질이다. 그것은 생각을 나 위에 올려놓은 것과 같고, 나의 존재를 스스로 부정하는 것과도 같다. 나는 온데간데없이 사라져 있고 생각이 만든 상이 나의 자리를 대신한다. 그 상태에서 나의 힘을 발휘하기는 힘들다.

이와 같은 상황을 간단히 해결할 수 있는 방법이 생각을 내려놓는 것이다. 생각을 내려놓는 주체는 언제나 나 자신일 수밖에 없다. 생각을 내려놓는 것이 몸에 배면 나와 생각과의 관계가 저절로 정립된다. 그럼, 어디에 생각을 내려놓는가? 가슴이다. 생각이 가슴을 만나면 문제를 일으키지 못한다. 가슴에는 지각하고 느끼는 기능이 있기 때문이다. 예컨대 생각을 가슴에 내려놓고 가만히 있어 보라. 내가 저절로 평온해질 것이다. 나의 존재를 지각하기에 찾아오는 변화다. 이러한 가슴의 속성을 활용해서 생각의 오류를 바로잡고 인생의 여러 문제들을 해결할 수 있다.

가슴에서 생각을 가만히 주시하면, 문득 알아차려지는 것이 있다. 우리는 그것을 직관, 영감, 느낌 등이라고 부른다. 그 앎에 "예" 하고, 지금 나의 상황을 돌파하겠다는 분명한 의향을 가지면 생각이 변한다. 이러한 과정을 통해서 점점 나와 생각과의 관계가 바로잡히고, 나는 존재의 관점에서 세상을 바라본다. 나 자신이나 다른 사람들의 존재를 부정하는 것이 애초에 가능하지조차 않았다는 것을 안다. 삶에 근본적인 변화가 찾아온다. 위의 문장을 천천히 소리 내서 말해 본다면, 나의 태도가 달라지는 것을 실감할 수 있을 것이다.

한편의 시

우리에게 가장 소외된 사람

이 세상에서 가장 소외된 사람이 있다면
그가 누구일까요?
그것은 바로 자기 자신입니다.

내가 나를 잊었기에
우리는 고통과 괴로움을 겪습니다.

사람들은 얘기합니다.
나를 소중히 하라고,
나를 사랑하라고.

그 나는 누구입니까?
내가 '나라고 생각하는 나'인가요,
'나에게 일어나는 모든 것을 가능하게 하는 힘'인가요.

나에게 일어나는 모든 것을 가능하게 하는 힘이
나라는 것을 안다면,
우리는 자신에게 집중합니다.
공경과 감사로….

나는
나를 소중히 하라, 사랑하라는 말을 하지 않습니다.
그것은 생각이 만들어 낸 말입니다.

나는 그저
나에게 일어나는 모든 것을 존중합니다.
그래서 지금의 내가 있습니다.

3부

어떻게
다르게
생각할 수 있는가

사람들이 생각을 안 하고 넘어가는 1분이 얼마나 될까? 아마도 잠잘 때를 제외하고는 거의 없을 것이다. 사람들은 늘 많은 생각을 하면서 살아간다. 그중 상당수의 생각이 오염되어 있고, 그 오염되어 있는 생각을 습관적으로 반복한다. 대다수의 사람은 자신의 생각이 그리 생산적이지 않다는 것에 동의할 것이다. 수시로 별생각 없이 유튜브 동영상을 틀거나 인터넷 가십거리 기사를 찾고, 삶에 불필요한 것들에 에너지를 쏟는다. 자신이 접한 정보들에 대한 생각이 확장에 확장을 거듭한다. 생각의 속성이 그렇다. 특히 두려움과 공포에서 출발하는 생각이라면, 그것이 확장되는 속도는 엄청나다. 그 내용으로 공포 소설이나 심리 소설을 써도 될 정도다.

인간으로 태어나 행복에 대해서 생각해 보지 않은 사람은 없을 것이다. 사회와 대중매체에서도 행복에 대해 그토록 얘기를 하고, 수많은 전문가와 철학자들도 행복에 대해 얘기해 왔다. 그런데 행복한 사람들의 수는 얼마나 늘었을까? 정신적으로 힘든 사람들이 점점 더 많아진다는 것은 행복에 대한 그런 애기가 효과가 없다는 뜻이다. 사람들이 중요한 뭔가를 놓치고 있다는 것이다. 그것이 무엇일까? 바로 우리의 생각 자체다. 사람들은 그토록 생각을 많이 하면서도 정작 생각이 무엇인지조차 알지 못한다. 그러면 생각에 매이거나 생각 속에 갇힐 수밖에 없다. 그 상태에서 어떻게 행복해질 수 있겠는가.

행복은 늘 우리의 상태와 관련돼 있다. 내가 생각에 휘둘리거나 불안한 상태에 있다면, 나는 행복해지기 힘들 것이다. 또한 내 생각이 외부의 대상이나 가치를 좇고 있다면, 나는 외부의 상황에 흔들릴 수밖에 없다. 그 상태에서 내가 행복해지기는 힘들다. 그렇다면 행복의 비결은 내가 어떤 상황에 놓이든, 나의 상태를 굳건히 하는 데 있다. 우리가 어떻게 그렇게 할 수 있는가? 내 생각의 초점을 바로잡는 것이다. 내가 생각의 오류를 고쳐 정확한 인식을 갖는 것을 말한다. 그러면 나는 외부의 상황과 조건에 좌우되지 않는다. 행복은 내가 굳건하게 서 있는 그곳으로 흘러들어 나와 하나로 울린다.

생각의 초점을 바로잡으려면 우리가 생각에 대해서 잘 알아야 한다. 그리고 나와 생각과의 관계를 분명하게 정립해야 한다. 이것이 3부와 4부의 주된 내용이다. 우리가 다른 인식을 갖기 전까지는 기존의 방법이나 생각의 틀에 큰 영향을 받는다. 항상 그것이 전부는 아니라는 것을 인식해야 한다. 그래서 시야를 확장한다는 것이 그만큼 중요하다. 시야를 확장한다는 것은 단순히 더 많이 아는 것을 의미하지 않는다. 다른 시각이나 패러다임으로 문제를 바라볼 수 있어야 된다는 것이다.

이 단원에서는 우리가 다른 시각과 패러다임으로 문제를 바라보는 데 기초가 되는 것들을 소개한다. 생각은 무엇이고, 생각의 속성은 어떻게 되는지, 사람들이 빠지기 쉬운 생각의 오류 두 가지는 무엇인지 알아본다. 그리고 개념과 실재는 어떻게 다르며, 생각에 대한 우리의 지향점은 무엇인지 살펴본다.

생각은 무엇인가

생각은 외부에서 부여된 의미 그대로의 정체성을 갖는다.

생각은 개념으로서 외부에서 부여된 의미 그대로의 정체성을 갖는다. 예컨대 우리가 어떤 것에 대해 A라고 생각하면, 생각은 A라는 의미를 갖고, B라고 여기면 B라는 의미를 갖는다. 그리고 그 정체성대로 작동한다. 내가 A라고 생각했는데, 생각이 B 혹은 C라는 의미를 갖는 경우는 없다. 다시 말해 생각은 아주 정확한 기계와 같다. 이러한 생각의 속성을 활용해 삶에 유용한 도구들을 만들거나 일상에서 생각을 필요한 때 사용할 수 있다. 이런 측면에서 생각을 아주 유용한 기계와 같다고 한다. 물론 물리적인 기계가 아닌 개념으로서의 기계다.

생각은 아주 유용한 기계와 같다.

생각이 기계와 같다고 해서 차갑고 건조하고 딱딱한 것을 가리키지는 않는다. 생각으로 우리의 미묘한 정서나 감정을 생생하고 풍부하게 표현할 수 있다. 정보를 체계적으로 정리하고 전달할 수 있으며, 본질적인 얘기를 파고 들어갈 수도 있다. 곧, 생각은 효율성과 유용성 측면에서 접근해야 한다. 내가 막연한 생각을 가지면 막연한 결과를, 구체적이고 생산적인 생각을 가지면 그에 상응하는 결과를, 가치판단을 하면 가치판단에 따른 결과를 낳는 방향으로 생각이 전개된다. 생각을 제대로, 조심스럽고 분명하게 그리고 정확하게 사용해야 한다는 것이다.

예를 들어 내가 나를 불쌍하다고 여긴다면, 생각은 '나는 불쌍하다.'는 의미를 갖고, 나의 처지를 정당화하는 생각이 펼쳐진다. 그리하여 나에게는 나를 불쌍히 여기는 상황들이 다가온다. 또한 누군가를 악마, 쓰레기, 바퀴벌레라고 규정한다면, 나는 그 사람에 대한 공포, 불안, 혐오감 속에 있다. 상대방을 비난하고 공격하는 것에 스스럼이 없어진다. 당연히 나도 상대로부터 그에 상응하는 공격을 받는다. 내가 스스로 만든 화다. 내 생각이 옳다고 여기기에 내가 그러한 상황을 만들었다는 것은 알아채기 힘들다. 오히려 자신의 행동에 정당성을 부여하거나 당당함을 느낀다. 삶에서 불필요한 감정과 사건들에 휩싸인다.

생각은 개념이라는 특징이 있다. 이것은 생각의 한계인 동시에 생각의 고유한 역할이다. 생각이 개념으로서의 한계를 갖기에 사물과 현상을 그 한계를 활용해 각각의 단어와 개념들로 표현할 수가 있다. 그리고 그 개념들을 활용해 실생활에 유용한 도구들을 만들거나 의사소통을 하는 데 요긴하게 사용한다. 생각이 개념이라는 한계를 갖지 않으면 가능하지 않은 일들이다. 그런데 우리가 생각을 잘못 사용하면 어떻게 될까? 다시 말해 오류가 있는 생각이나 개념을 진실이라 믿고, 그에 따라 행동하면 어떻게 될까?

위의 사례에서처럼, 생각은 우리에게 고통과 아픔을 가져

올 수 있다. 나아가서 왜곡된 관념이나 사상을 철석같이 진실이라고 믿을 경우, 생각은 유용한 기계가 아니라 아주 고약한 결과를 만드는 기계가 될 수 있다. 사람들은 사상과 관념의 노예가 되어 실재하는 것들을 부정하거나 파괴할 수 있다. 인간 세상은 탐욕, 불안, 억압, 이기심, 향락 등으로 얼룩진다. 이와 같은 상황을 유발하는 생각들을 고장 난 생각이라고 한다.

우리가 힘든 상황을 겪는다면, 단순히 '아, 나에게 고장 난 생각이 있구나!'라고 인식하는 게 큰 도움이 된다. 자신을 돌아보기도 쉽고, 상대방의 생각의 오류도 금방 보인다. 내가 어떻게 처신해야 될지 안다. 나의 문제는 내 생각의 오류를 고치면 대부분 효과적으로 해결된다. 그러나 생각을 생각으로 고치는 것은 쉽지 않다. 생각이 가진 개념으로서의 한계 때문이다. 우리가 일단 생각 속에 갇히면 그 개념의 한계를 벗어나기는 힘들다. 생각을 고치려면 생각 외적인 힘이 필요하다. 그 힘이 우리의 의향이다. 내 생각의 오류를 인지하고 그것을 고치겠다는 뚜렷한 의향을 가슴에서 가지면 생각이 변한다. 의향에 대해서는 6부에서 언급한다.

생각의
세 가지 속성

나와 생각과의 관계가 분명하게 정립될 때
생각을 제대로 사용할 수 있다.

생각이 우리에게 유용할 수 있는 이유는 생각에 세 가지 주요 속성이 있기 때문이다.

첫째, 생각은 자신이 스스로 정체성을 갖지 않는다. 외부에서 부여된 의미를 갖는다. 우리가 어떤 것에 대해 '이렇다.'고 생각하면 '이렇다.'는 정체성을 갖고, '저렇다.'고 규정하면

'저렇다.'는 정체성을 갖는다. 이런 생각의 속성이 있기에 사물과 현상을 각각의 단어와 문장으로 개념화할 수 있고, 그 개념을 조합하여 필요한 상황에 사용할 수 있다.

둘째, 생각은 구조를 좋아한다. 인간이 언어를 만들고, 어떤 정보를 체계적으로 정리할 수 있는 것도, 또한 집을 짓고, 컴퓨터를 만들며, 실생활에 유용한 도구들을 만들 수 있는 것도 생각의 이러한 속성에 기반한다.

셋째, 생각은 영역확장을 좋아한다. 생각의 확장성 혹은 번지는 능력은 상당히 강력하다. 사람들이 생각에 사로잡히거나 상상의 나래를 펼치는 것도, 어떤 것의 본질에 깊이 파고 들어갈 수 있는 것도 생각의 이런 속성에 기초한다.

그런데 나와 생각과의 관계가 정립되어 있지 않으면 어떻게 되는가? 우리가 유용하게 사용할 수 있는 생각의 속성들이 오히려 우리를 옥죌 수 있다. 사람들이 '생각이 곧 나'라고 여길 경우, 생각의 속성에 따라 끊임없이 비교하고 분석하며 재단한다. 생각은 단지 개념으로서만 있지 않고 마치 살아서 움직이는 것처럼 인식된다. 그리하여 생각이 자기만의 세계를 만든다. 생각이 자기만의 세계를 만들면, 사람들의 기존의 다른 생각체계도 지배하려고 한다. 결국 그 사람은 생각의 지배를 받는다. 인간 사회에서 일어나는 일들 역시 그와 똑같다. 인간의 무분별한 파괴, 착취, 탐욕, 국가 간의 전쟁 등은 생각이 인간을 지배하여 나타나는 현상들이다.

우리가 생각과 동일시되면 생각의 지배에서 벗어나는 것은 참으로 지난한 일이 된다. 스스로 생각의 오류를 인지하고, 그것을 고치겠다는 의향을 지속적으로 갖기 전까지는, 생각은 자신에게 부여된 정체성을 그대로 유지한다. 그래서 자기만의 색깔, 자기만의 정체성이 사라질 위기에 처하면, 그 위기를 극복하는 또 다른 생각 체계를 만들어 낸다. 한마디로 변신의 천재다. 사람들의 비난, 변명, 전가, 자기 정당화는 생각이 기존의 도그마나 자신이 옳다고 여기는 생각을 방어하기 위해 변신한 전형적인 예다. 게다가 생각은 다른 사람의 분노, 판단, 지식 등을 가져와 자기 것인 양 한다. 사람들이 자신의 삶을 산다고 생각하겠지만, 실상은 다른 사람의 분노, 판단, 지식에 좌우되는 삶을 산다.

나와 생각과의 관계가 정립되지 않으면, 사람들은 생각이 만든 구조의 노예가 되기도 쉽다. 인간이 전자게임, 스마트폰, 유튜브, 인터넷, 카지노, 코인이나 증권투자 등에 빠지는 것도, 그와 관련된 각종 생각 중독에서 벗어나기 힘든 이유도 자신과 생각과의 관계정립이 되어 있지 않은 것에서 비롯된다. 인간은 생각에 의해 점점 기계화되고 디지털화된 삶을 산다. 그리하여 디지털 병이라고 할 수 있는 증상들을 겪는다. 정신은 교란되고 숨은 얕아지며 몸은 경직된다. 자기 자신과 자연에서 멀어지고, 다른 사람들과의 관계는 형식적이 되거나 서걱서걱해진다. 나와 생각과의 관계를 바로 세우라는 신호, 내가 인생의 주인으로서 있으라는 신호다.

사람들이 빠지기 쉬운 생각의 오류 두 가지

인과의 함정과 형상의 함정은

사람들이 각각 시간과 공간에 대해 가진 생각의 오류다.

우리가 너무나 당연한 진실처럼 여기는 생각의 오류 두 가지가 있다. 인과의 함정과 형상의 함정이다. 인과의 함정은 '시간이 실재한다.'고 믿는 것에서 오는 생각의 오류다. 사람들이 시간에 대해 가진 관념이 조금만 교정되면, 이 오류가 금방 보인다. 우리의 자세와 태도를 바로잡는 데 도움이 된다. 형상의 함정은 보이는 '이 몸이 나'라고 여기는 것에서 비롯되는 생각의 오류다. 이 오류가 오늘날 너와 나로 구분되는 인간 사회를 만들었다. 인과와 형상의 함정은 인간이 각각 시간과 공간에 대해 지닌 생각의 오류라고 할 수 있다. 이 두 오류를 충분히 이해하면 삶과 인식에 새로운 지평이 열린다.

인과의 함정

시간은 실재하지 않는다. 나는 언제든 다시 시작하면 된다.

사람들은 흔히 시간이 흐른다고 생각한다. 시간의 흐름에 따라 원인과 결과가 있고, 또 그 결과가 다른 것의 원인이 돼서 새로운 결과가 만들어진다고 생각한다. 직선적인 사고관이다. 사람들은 직선적인 사고관이 생각의 오류라는 것을 잘 모른다. '이러니까 그렇다.'와 같은 논리는 직선적인 사고관에서 온다. 사람들은 인과의 논리를 당연한 진실처럼 여기고, 그에 맞춰 생각하고 행동하며 살아간다. 시간이 흐른다고 생각하기 때문이다. 그러나 시간은 결코 직선적으로 흐르지 않는다. 아니 흐를 수가 없다. 개념이 어찌 실제로 흐를 수 있겠는가? 시간은 변화의 정도를 가늠하는 척도로서, 개념으로서 있는 것이다.

시간은 우리가 일상생활을 하는 데 있어 매우 유용하다. 어떤 물리적 현상이나 상황 등을 설명하고 이해하는 데 사용된다. 그렇다고 시간이 실재하는 것은 아니다. 단지 개념으로서 있는 것이다. 예컨대 태풍이 발생하여 변화해 간다고 하자. 사람들은 시간을 사용해 태풍이 언제 발생했고, 지금은 어디에 있으며, 앞으로 어떻게 전개될지 예측한다. 그에 따른 대비를 하거나 행동을 한다. 그러나 태풍이 발생해서 변화해 가는 것과 시간과는 인과관계가 없다. 단순히 태풍이 변하는 정도와 상황을 시간이라는 개념을 사용해서 시시각각 표현하고 있는 것일 뿐이다. 그럼에도 사람들은 마치 그 개념으로 인해 실재가 변하는 것처럼 오인한다.

우리의 나이와 1년이 365일인 것도 마찬가지다. 사람들은 하루하루 시간이 흘러서 나이를 먹고, 1년이 365일이 된다고 생각한다. 하지만 우리가 나이를 먹는 것과 1년이 365일인 것은 시간이 흐르는 것과는 아무런 인과관계가 없다. 우리의 나이는 인간이 태어나서 변화해 가는 정도를 1년이라는 시간 단위로 표현한 것이고, 1년이 365일인 것은 지구가 태양의 주위를 도는 공전주기다. 시간이 흘러서 지구가 태양의 주위를 한 바퀴 두 바퀴 돌거나, 우리가 한 살 두 살 나이를 먹어 가는 것이 아니다. 이와 같이 어떤 것을 변화시키는 힘과 시간과는 인과관계가 없다. 시간은 단지 우리의 삶에 유용한 도구로서, 개념으로서 있는 것이다.

더욱이 어떤 현상은 직선적인 인과론에서 말하듯, 'A 하니까 B다.'와 같이 단 하나의 이유로만 일어나는 것은 아무것도 없다. 어떤 현상이 일어나는 과정은 굉장히 복합적이다. 예를 들어 벼가 자라나기 위해서는 햇빛, 물, 바람, 습도, 땅, 미생물, 공기, 별들의 인력과 중력, 농부의 땀 등 이루 헤아릴 수 없는 요인들이 동시에 필요하다. 그중 무엇 하나라도 없다면, 그 벼는 그 벼일 수가 없다. 복합적이라는 것이 무엇인지 제대로 이해하다면, 어떤 현상은 결코 과거가 현재에 영향을 미치는 방식으로 일어나지 않는다는 것을 알게 된다. 그것은 동시성이라는 단어로밖에 표현할 수가 없다. 어떤 현상의 발생은 무수히 많은 사건들의 동시성의 결과다.

만약 내가 모기한테 물려 가렵다면 그것은 어떨까? 그 역시 수많은 요인이 동시에 작용한 결과다. 모기한테 물린 요인 중 무엇 하나라도 바뀐 게 있다면, 그와 똑같은 일은 일어날 수 없다. 이 사례에서 중요한 것은 지금 내가 가렵다는 것이다. 모기와 모기한테 물린 것이 문제가 아니다. 내 가려움을 어떻게 해소할 수 있느냐가 관건이다. 그것을 알면 나는 가려움을 해소할 수 있는 방향으로 나아가게 된다. 약을 바르거나, 물로 씻거나, 다음에 모기에 안 물릴 방안을 강구한다. 그러나 모기 때문에 내가 이렇게 됐다고 생각하면, 나는 모기한테 내 괴로움을 전가한다. 가려운 데를 긁다가 덧나면 또 모기 탓을 한다. 문제의 해결과는 전혀 관계가 없는 행동들이다.

사람들이 인과의 함정에 갇히면 사물과 현상에 총체적으로 작용하고 있는 힘은 사람들의 뇌리에서 사라진다. 그저 생각의 관점에서만 사물과 현상을 바라보고, 그것이 전부라고 인식한다. 그리고 그 틀에 맞춰서 살아간다. 자신이 겪는 문제의 본질은 알아채지 못하고, 자신이 가진 고유한 힘도 활용하지 못한다. 그리하여 시선을 자꾸만 외부로 돌린다. 사람들의 기대, 예상, 의존, 전가, 원망은 주로 인과의 함정에 빠졌을 때 발생한다. 그것이 현실에서 좌절과 분노로 이어진다. 소위 운명론에 빠지기도 쉽고, 그러한 인식에서 벗어나기도 힘들다.

인과의 함정은 '시간 불일치의 오류'로 변형되어 나타나기도 한다. 어떤 사건을 그것이 발생한 시점과 상황에서 보지 못하고, 지금의 관점에서 평가하거나 재단하는 것을 말한다. 그러면 자신도 모르게 판관이 되거나 거만해진다. 그 사건을 그것으로서 보지 못하고, 생각이 만든 상으로 대한다. 그리고 자신의 생각이 옳다고 여긴다. 이분법적 사고도 크게 보면 인과의 함정에서 비롯된다. '그러니까 네가 나쁘다.' '이러니까 나는 안 돼.'라는 시각은 인과의 논리에 따른 이분법적 판단이다.

우리가 인과의 논리가 전혀 참이 아니라는 것을 알 때야 외부로 향했던 시선이 자기 자신에게로 돌아온다. 내 생각의 오류를 돌아보고, 내가 가진 본래의 힘을 재발견하게 된다. 우리가 다시 일어서는 것은 시간과는 아무런 관계가 없다. 모든 것은 그때그때 완성된다. 나는 언제든 다시 시작하면 된다. 과거에 무슨 일이 있었든, 지금 내가 어떤 상황에 놓여 있든, 그저 이 상황을 돌파할 의지가 있느냐가 핵심이다. 답은 저기 저 멀리 있는 게 아니라 언제나 나한테 있다는 것을, 나의 정확한 인식과 생각에 대한 분명한 태도에 있다는 것을 알 수 있다.

형상의 함정

나는 몸과 생각 이전에 존재하는 의식이다.

사람들이 가장 또렷하게 이해해야 할 첫 번째 생각의 오류는 사실 형상의 함정이다. 형상의 함정은 보이는 '이 몸이 나'라고 여기는 생각의 오류다. 이것은 인간이 지닌 가장 뿌리 깊은 생각의 오류다. 그렇다면 나와 생각과의 관계에서와 마찬가지로, '나는 몸이 아니다. 하지만 나는 몸과 하나다.'라는 것인가? 그렇다. 나와 몸은 서로 뗄 수 없는 관계에 있어도 나는 몸이 아니다. 나는 지금의 몸을 몸으로서 있게 하는 힘이다. 그 힘과 몸은 다르다. 그러나 몸 없이 내가 존재한다는 것을 알 수는 없다.

우리가 육체를 자신이라고 여길 때, 눈앞에 보이는 것들을 나와는 다른 별개로 여긴다. 또한 눈에 보이는 것이 그것의 전부라고 인식한다. 나와 다른 사람, 다른 것들과의 관계에서 분리가 강화되는 방향으로 삶이 흐를 수밖에 없다. 이 인식이 오늘날의 인간사회를 만들었다. 최소한 눈에 보이는 것이 전부가 아니라 내 눈으로 볼 수 없는 영역에 무엇이 있다는 것 정도는 알 때야, 우리가 물질적인 것이나 형상에 덜 집착한다.

육체를 나라고 여기면, 나와 생각과의 동일시는 피할 수가 없다. 생각에 의한, 생각을 위한 삶을 산다. 우리가 생각이 많아지거나 생각 속에 빠진다는 것은 결국 외부와의 단절을 의미한다. 그 단절의 정도가 심하면 심할수록 자기세계에 갇혀 생활하고, 소위 사회에서 말하는 이상한 행동들을 하기 시작한다. 그렇게 되지 않으려면 육체라는 한계에 갇혀 세상을 보더라도, 나의 주변에 있는 것들이 나와 함께 있음을 인식하고 알아차리는 연습이 필요하다. 이런 점에서 5부에서 언급하게 될 '있다' 연습이 중요하다. '있다' 연습을 통해 내 주변의 사람과 대상들이 나와 분리된 개별적인 존재가 아님을 알고, 실제 자신이 누구인지도 안다.

그럼 혹자는 '나는 누구입니까?'라고 질문할 수 있다. 여기서는 일단 '나는 몸과 생각 이전에 존재하는 의식입니다.'라고 알아 두자. 그 의식이 몸을 통해서 이 세상과 관계를 맺고, 생각을 빌려서 소통과 표현을 하고 있는 것이 지금의 우리들이다. 몸과 생각 이전에 존재하는 의식은 감독관의 역할을 한다. 생각이 자꾸만 나보다 앞서서 자기가 주인 행세를 하려고 하는지, 삶을 좌우하려고 하는지 감독한다. 감독관으로서의 나는 직접 나서서 무엇을 하지는 않는다. 그것은 생각이 나를 대신하려 할 때 나타나는 모습이다. 감독관으로서의 나는 늘 자신의 자리에 있고, 나의 자리에서 생각이 나와 몸을 동일시하는지, 특히 생각을 나와 동일시하는지 체크하는 역할을 한다. 그리고 의향을 통해서 생각을 유용한 기계로 사용한다.

사람들에게 좀 낯설게 느껴지겠지만 육체 바깥에서 지금의 나를 바라보거나, 점점 몸의 영역을 확장하면서 지각하는 연습을 하면, 내가 어떤 상태로 존재하는지 보다 선명해진다. 이것은 '있다' 연습과는 또 다른 측면에서 인식확장에 도움을 준다. 육체 바깥의 영역은 사람들이 잘 모른다. 그런데 육체 바깥의 에너지의 흐름 역시 우리의 몸이다. 그것이 육안으로는 보이지 않기에 에너지 몸은 사람들의 인식에서 사라져 있다. 우리가 에너지 몸이 있다는 것을 알고, 육체와 더불어 에너지 몸을 지각하는 연습을 하면, 우리의 공명능력이 상당히 확장된다. 그러면 우리는 점점 그냥 아는 상태가 되고. 형상의 함정도 수월하게 넘어선다. 에너지 몸에 대해서는 7부에서 언급한다.

인과와 형상의 함정이 결합될 때 나타나는 현상

우리가 인간 세상에서 온전히 살아간다는 것은 기적 같은 일이다.

사람들이 인과나 형상의 함정에 갇히면, '이렇게 생긴 모습은 나. 저렇게 생긴 모습은 너. 그러니까 너와 나는 다르다.'는 생각을 갖게 된다. 그런데 단순히 겉으로 드러난 모습이나 특징만 다르다고 여기는 것이 아니라, 본질적으로도 나는 너와 다르다고 여기면, 우리에게는 이분법적 논리가 즉각 활개를 친다. 그리하여 '나는 너보다 돈이 많고 힘이 세니까 우월하다.' '너는 문제를 일으키니까 잘못됐고 쓸모없다.' '나는 죄를 지었으니까 죽어야 마땅하다.'와 같은 기이한 논리가 마치 참인 것처럼 위력을 발휘한다. 사람들 간에 비난, 전가, 원망, 배척, 위축은 당연한 것이 된다.

이러한 현상들에서 사람들이 놓치기 쉬운 것은 각자가 투사하는 에너지다. 그 에너지는 눈에 보이지는 않지만, 서로의 삶에 크고 작은 영향을 미친다. 사람들은 자신이 투사한 에너지가 상대방을 얼마나 옥죄고, 또 상대방이 투사한 에너지 역시 자신을 얼마나 얽매는지 잘 알지 못한다. 그 에너지에서 자유로울 수 있는 사람은 아무도 없다. 때로는 증오와 분노에 차 서슬 퍼런 에너지 칼날을 상대방에게 날리는 경우도 허다하다. 누군가는 그 에너지 칼날에 맞아 병에 걸리기도 하고,

이유를 알기 힘든 심리적 불안이나 정신적 교란을 겪기도 한다. 그 에너지 칼날은 부메랑이 되어 그 에너지를 날린 사람에게로 다시 돌아간다.

각자는 어디에서 날아오는지도 모르는 에너지 칼날에 맞아 고생하거나, 스스로 발산하는 에너지에 엮여 들어간다. 사람들이 2인 3각 혹은 7인 8각 경기에서 발이 묶여 허우적대는 것처럼, 사람들은 보이지 않는 에너지에 꽁꽁 묶여 서로 허우적댄다. 자신이 왜 그렇게 일이 잘 안 풀리는지, 왜 그렇게 정신적 교란을 겪거나 불안한 감정에 휩싸이는지는 알아채지 못한다. 그저 겉으로 드러난 사회의 기이하고 끔찍한 사건사고에 혀를 내두른다. 자신도 그것 못지않은 에너지를 외부로 발산하거나, 사회의 에너지 혼란에 일조하고 있다는 것은 알지 못한다. 어떤 측면에서는 서로가 물귀신처럼 서로의 발목을 잡고 있는 형국이다.

사람들이 인과나 형상의 함정에 갇히면, 본의 아니게 피해자인 동시에 가해자로서 살아간다. 이러한 인간 세상에서 우리가 온전히 살아간다는 것은 정말 기적 같은 일이 아닐 수가 없다.

나는 개념과 실재를 구별할 수 있는가

삶은 늘 실재의 기반 위에서 꽃핀다.

사람들이 삶에서 겪는 문제들은 대부분 개념과 실재를 혼동하는 것에서 온다. 생각은 개념으로서 머릿속의 그림임에도 그것이 실재한다고 여기거나, 실재를 지각하거나 느끼지 못하고 개념으로서만 대할 때 문제가 생긴다. 그러면 실재와 개념 간에 간극이 생기고, 대립과 갈등이 발생한다. 우리가 원하는 바를 이루고 평온하게 살아가려면, 실재와 개념을 구별할 수 있어야 한다.

그럼, 실재는 무엇이고, 개념은 무엇인가? 실재는 우리가 몸으로 지각하고 느낄 수 있는 것, 알아차릴 수 있는 것들이다. 실제로 존재하는 것이기에 이론의 여지가 없고 분명하고 명확하다. 반면에 개념은 그렇지 않은 것들이다. 이론, 지식, 상상, 기대 등 추상적인 것들이 여기에 해당한다. 언어로 표현되는 것들은 대표적인 개념이다.

예를 들어 나무가 있다고 할 때, 나무라는 단어는 개념이고, 실제로 지각되고 느껴지는 나무는 실재다. 그런데 나무라는 개념이 일단 머릿속에 머물기 시작하면, 생각의 작용을 피할 수가 없다. 그 사람의 주관, 관념, 감정 등에 의해 그 나무는 어떤 형태로든 변하게 되어 있다. 그것은 눈앞에 보이는 실재하는 나무와는 다른 나무가 된다. 그렇다고 생각으로 만들어진 나무가 잘못됐거나 나쁘다는 것은 아니다. 단지 눈앞에 보이는 나무는 실제로 지각하거나 느낄 수 있는 나무이지만, 머릿속에 있는 나무는 생각이 만든 개념이라는 것이다. 이 둘을 잘 구별해야 실제로 결실을 맺을 수 있는 일들과 그렇지 않은 일들을 구분할 수 있다.

이것이 쉬운 얘기인 것 같지만 막상 현실에서는 그렇지 않다. 우리가 생각과 동일시되어 있기 때문이다. 그러면 일상의 많은 부분에서 생각이 만든 상이 우리를 지배하기 마련이다. 그리하여 실제로는 가능하지 않은 일들을 한다. 예를 들어 기대, 예상, 가정, 남의 권위나 정보, 가치판단 등에 기초한 행동들이 그렇다. 그 행동의 기반이 되는 생각들은 생각이 만든 상이다. 실재하지 않는다. 그럼에도 그 생각이 진실이라고 여기면서 행동하면 어떻게 될까?

물론 그 생각이 맞을 수도 있고 틀릴 수도 있다. 그러나 그것은 마치 고장 난 시계와도 같다. 고장 난 시계도 하루에 두 번은 정확하게 시간을 맞춘다. 그것에 환호하여 그 고장 난 시계를 추종할 경우, 인생의 대부분의 시간을 막연한 기대, 좌절, 위축, 분노 속에서 보낸다.

삶은 언제나 실재의 기반 위에서 꽃핀다. 실재에 기반한다는 것을 현실에 기반한다는 것으로 이해해도 된다. 생각은 실재가 무엇인지, 현실이 무엇인지 알지 못한다. 개념으로서 갖는 한계 때문이다. 생각이 개념의 한계를 벗어나는 것들에 대해 알 수는 없다. 현실과 실재는 지각과 느낌, 공명의 영역이다. 생각을 내려놓을 때야 다가온다. 예를 들어 우리가 산을 산이라고 알고, 나무를 나무로서 알며, 구름을 구름이라고 아는 데는 생각이 만든 상이 필요하지 않다. 생각이 활동하면 우리는 사물과 현상을 생각이 만든 상으로 대한다. 그리하여 산을 산으로 보지 못하고, 나무를 나무로서 알지 못하며, 구름을 구름으로서 인지하지 못한다.

생각이 활동하는 것을 방치하면 우리는 생각이 만든 상에 근거해 이 세상을 바라보면서 그것이 진실이라고 혹은 현실이라고 오인한다. 그것은 생각이 만든 상이지 진실이거나 현실일 수 없다. 그럼에도 사람들은 그 사실을 감지하지 못한다. 자신의 생각이 옳다고 여기기 때문이다. 어찌 보면 우리에게 현실은 지금 내가 생각이 만든 상으로 세상을 대하고 있다는 것이다. 생각의 활동이 무엇인지는 4부에서 자세히 언급한다.

빛을 발하는
씨앗

내 생각의 오류를 다른 사람들이 고쳐줄 수는 없다.

생각의 속성과 오류에 대한 인식은 그 자체로 우리에게 큰 변화를 일으킨다. 우리의 삶을 변화시키는 씨앗 역할을 한다. 우리가 여전히 많은 생각을 하고, 나와 생각을 동일시하는 실수를 반복한다고 할지라도, 그 씨앗은 자라나 우리를 자기 자신에게로 안내하게 될 것이다. 그 변화가 당장 눈에 띄게 나타나지 않을 수도 있고, 여기서 읽은 내용을 전혀 의식하지 않고 살아갈 수도 있다. 그러나 각자의 내면에 심어진 생각에 대한 씨앗은 1년이 걸리든, 3년이 걸리든 결국 빛을 발한다. 그것이 성장하는 속도는 사람마다 다르겠지만, 그 씨앗이 자라나는데 필요한 것은 단지 그 사람의 변화에 대한 의지 정도다.

변화는 꼭 눈에 띄고 즉각적이어야만 좋은 것은 아니다. 우리가 잘 알다시피 생각이라는 것이 그리 호락호락하지 않다. 이미 흐르고 있는 생각의 큰 물줄기를 처음부터 갑자기 튼다는 게 쉽지가 않다. 그렇다고 그 물줄기가 반드시 서서히 틀어진다고 할 수도 없다. 사람들에 따라서는 그 물줄기가 너무나 놀랍게도 하루아침에 틀어지는 경우도 있다. 흔치는 않지만 그럴 수도 있다는 가능성을 열어두는 게 좋다.

우리의 지향점은 생각을 유용한 기계로서 활용하는 방향으로 나아가는 것이다. 그 과정에서 숱한 생각의 오류가 우리를 방해할 것이다. 그만큼 우리가 미처 인지하지 못하는 생각의 오류가 많이 있다는 것이고, 그만큼 우리가 아픔을 겪고 있다는 의미이기도 하다. 그래서 생각의 오류를 고치는 것은 우리에게 더더욱 절실한 일이 된다. 내 생각의 오류를 다른 사람이 고쳐줄 수는 없다. 누가 나를 대신해 밥을 먹어 줄 수 없고, 누가 내 인생길을 대신 걸어가 줄 수 없는 것과 같다. 과정상 내가 다른 사람의 도움을 받을 수 있고, 또 그것을 요청해도 되지만, 내 생각의 오류를 고치는 것은 결국 내가 해야 되는 일이다. 그 힘은 이미 나한테 있다.

내가 작아지는 법을 배우면 생각의 오류를 고치는 것이 수월해진다. 그러면 나의 자리가 어디에 있는지 알고, 생각의 초점을 어디에 맞춰야 하는지가 명확해진다. 나와 생각과의 관계가 정립되기 시작하고, 생각은 유용한 기계로서 자신의 역할을 다 한다. 내가 작아지는 법은 6부와 9부에서 언급한다.

나를 향한 첫걸음, "예"

"예"는
나에 대한 존중입니다.
내가 어떤 삶을 살아왔고, 지금 내 모습이 어떠하든
그러한 그대로의 동의는 나의 자존을 지켜줍니다.

"예"는
생각을 내려놓음입니다.
어떤 일이 내 마음에 들든 안 들든, 잘됐든 잘못됐든
그러한 그대로의 동의는 그 일을 그 자리에 둡니다.

"예"는
받아들임입니다.
이 세상이 어떠하고, 지금 나의 삶이 어떠하든
그대로의 동의는 나와 이 삶이 하나로 울리게 합니다.

“예”는

용기입니다.

나에게 무슨 일이 있었고, 어떤 일이 발생하든

그대로의 동의는 나를 앞으로 나아가게 합니다.

“예”는

경건함입니다.

이 세상의 모든 것과 그것을 존재하게 하는 힘에 대한

그대로의 동의는 나를 아래에 머물게 합니다.

“예”는

사랑입니다.

내가 모든 것과 하나인 사랑으로서 있음을 아는 것은

나를 치유와 평온으로 안내합니다.

4부

생각은
내가
사용하는 것이다

생각은 아주 유용한 기계와 같다. 그 기계가 정말 유용하려면 내가 필요할 때 사용할 수 있어야 한다. 필요하지 않는 상황인데도 기계가 계속 켜져 있는 것은 여러 가지로 낭비다. 더욱이 생각이 꼬리에 꼬리를 물고 이어지는 상황이 우리를 너무도 지치고 힘들게 한다. 머리로 에너지가 상기되는 것은 물론 생각은 거의 항상 감정을 수반하기에 우리는 감정적인 고통도 겪지 않을 수가 없다. 예전에 일어났던 일들을 하나의 사실로서 기억하지 못하고, 그것에 수많은 생각과 감정들을 버무려 환영을 만든다. 그리고 지금까지도 그 환영을 진실처럼 대한다. 그렇게 되면 우리에게 전혀 도움이 되지 않는 옛일이 생각나고, 당시의 감정이 자동으로 올라오며, 그것에서 파생된 생각과 감정들이 쫙 펼쳐진다. 전혀 필요하지 않은 것들이다.

사람들은 자신이 어떤 일이나 다른 사람들에 대해 얼마나 불필요한 판단과 해석을 많이 하는지 잘 알지 못한다. 게 다가 그 생각을 습관적으로 분석한다. 자신도 모르게 생각에게 먹잇감을 주면서 고생하고 있는 것이다. 생각은 스스로 움직이지 못한다. 우리가 오류가 있는 생각을 진실이라고 믿을 때, 그것에서 동력을 얻어 활동한다. 그러면 생각은 자신이 주인인 양 나보다 앞서서 움직인다. 나는 생각이 환영을 만들어내도 그 생각이 참인 줄 안다. 나의 삶은 이내 엇나가기 시작한다. 생각 자체는 아무런 문제가 없다. 내가 생각에 대해 잘 알지 못해서 일어난 일이다.

생각을 필요할 때 사용할 수 있으려면, 첫째, '나는 생각이 아니다.'라는 인식이 분명해야 한다. 앞서 1부에서 언급했듯이, 나와 생각과의 관계는 실체와 그림자와의 관계와 같다. 실체가 없으면 그림자는 존재할 수 없듯, 내가 없으면 생각은 존재할 수 없다. 또한 그림자가 실체일 수 없듯, 생각이 나일 수는 없다. 이것은 하나의 질서다. 이 질서를 알지 못하거나 지키지 못할 때, 나는 생각과 동일시되고, 생각의 지배를 받는다. 이러한 상태에서 내가 생각의 주체로서 생각을 사용한다는 것은 어불성설이다. 생각이 활동하는 것도 우리가 이 인식이 뚜렷하지 않기에 나타나는 현상이다.

둘째, 생각의 활동이 무엇인지 알아야 한다. 생각이 활동하는 것과 내가 생각을 사용하는 것은 전혀 다르다. 생각이 활동하는 것은 생각을 나라고 여길 때 나타나는 현상이다. 그 자체가 고장 난 생각으로서 나와 생각과의 관계가 주객전도된 모습이다. 모든 생각의 오류는 생각의 활동에서 비롯된다. 그것이 삶에서 고통과 아픔으로 돌아온다. 반면 생각을 사용하는 것은 내가 생각의 주체로 있어야 가능하다. 생각이 항상 실재와 존재에 기반해 있다. 그것이 우리에게 기쁨과 보람으로 돌아온다. 이 둘 간의 차이에 대해서는 뒤에서 자세히 언급한다.

'나는 생각이 아니다.'라는 것을 알고, 생각의 활동은 나와 생각과의 질서에 어긋난 모습이라는 것을 알면, 우리는 자연스럽게 생각의 활동을 허용하지 않는 방향으로 나아간다. 이것이 나와 생각과의 질서를 정립하고, 내가 생각의 주인으로서 생각을 필요할 때 사용하는 방법이다.

이 단원에서는 생각의 활동은 무엇이고, 내가 생각하는 것과 생각이 활동하는 것은 어떻게 다른지 알아본다. 그리고 답은 늘 생각 바깥에서 온다는 것과, 생각의 오류는 어떻게 고칠 수 있는지 살펴본다.

명료한 생각이라고 반드시 참은 아니다

내 생각이 틀릴 수 있다는 가능성을 항상 열어 둬야 한다.

우리가 흔들릴 때 가만히 보면 두려움, 불안, 공포 같은 감정이 일어나서 그렇다. 혹은 나에게 떠오르는 생각이 확실치 않거나 자신이 없어서 그렇다. 내 생각이 분명하고 뚜렷하면 그런 감정이 훨씬 덜 든다. 물론 그 생각이 참인가는 또 다른 문제다. 하지만 나의 생각이 참이라고 믿고 있는 동안에는 최소한 감정적으로 흔들리지는 않는다. 방금 저자는 나의 생각이 명료하다는 것과 그 생각이 참인가는 별개라고 했다. 사람들은 명료한 생각을 참이라고 믿는 경향이 강하다. 자신이 생각과 동일시된 상태에서는 더욱 그렇다. 그렇기에 명료한 생각 역시 주의해야 한다. 내 생각이 확실하다고 해도 그 생각이 참이 아닐 수도 있는 가능성을 항상 열어 둬야 한다.

그럼, 우리가 일상생활을 하면서 갑자기 떠오르는 영감 같은 것은 참일까? 그것은 알 수 없다. 아침에 든 생각, 어떤 일을 고민할 때 처음에 든 생각은 참일까? 그것 역시 알 수가 없다. 중요한 것은 '어떤 것이 아주 확실해!'라고 여기는 그 생각이 참이 아닐 수도 있다는 가능성을 늘 염두에 두는 것이다. 그럼에도 사람들은 때로는 자신의 생각을 100% 신뢰하고 그 생각대로 행동한다. 그러다가 아픔을 겪기도 하고, 울기도 하며, 감정적으로 격해지기도 한다. 그것은 그럴 수밖에 없다. 지금까지 그 사람에게 형성된 사고습성과 그가 처한 상황 등을 종합해 보면 그렇다. 그래서 우리가 다른 사람의 행동에 대해 뭐라고 할 것은 없다. 각자는 그러면서 각자의 삶을 사는 것이다.

사람들이 가지고 있는 생각은 참으로 다양하다. 어떤 생각들은 환상이고, 착각이며, 걱정이고, 불안이다. 반면에 그렇지 않은 생각들도 있다. 우리로 하여금 진실이 무엇인지, 본질이 무엇인지 더 깊게 이해할 수 있도록 도와주는 생각들도 있다. 분명한 것은 생각은 우리에게 도움을 주기 위해 존재한다는 것이다. 우리가 생각을 사용하는 주체로서 생각에 대해 어떤 태도를 갖고 있는지, 또 생각을 어떻게 활용하는가에 따라서 나의 말과 행동은, 나의 이 삶은 상당히 다른 방향으로 갈 수밖에 없다.

생각의 활동은 무엇인가

생각의 활동은 생각이 환영을 만들어 내는 행위이다.

사람들의 생각은 언어로 표현된다. 이때 사용되는 단어와 문장은 각각 나름의 의미공간을 갖는다. 그 의미공간은 실재하는 것이 아니라 사람들의 머릿속에 존재하는 가상공간이다. 동일한 개념일지라도 사람들이 가진 가상공간상의 뉘앙스는 다 다르다.

각각의 단어는 이미지로서 어떤 정보를 담고 있는 한 장의 사진, 한 점의 그림과 같다. 그 단어들이 문장을 이루어 좀 더 구체적이고 종합적인 정보를 담은 한 장의 사진이나 그림이 된다. 그 이미지들에 나의 가치판단이나 선입견 등이 계속해서 부여되면, 머릿속의 이미지들은 마치 살아서 움직이는 것처럼 여겨진다. 조금씩 다른 사진이나 그림을 연속해서 돌리면 한 편의 영화, 한 편의 만화영화가 만들어지는 것과 같다.

생각은 개념으로서 자체의 동력은 갖고 있지 않다. 단지 머릿속의 이미지, 그림, 데이터, 정보다. 그러나 그것에 가치판단, 선입견, 그릇된 지식, 감정 등을 연속해서 부여할 경우, 머릿속의 이미지들은 단순히 개념으로서만 있는 것이 아니라 실재하는 것처럼 우리에게 인식된다. 내가 그 이미지들을 연속해서 돌리거나 그것들에 동력을 부여한 것과 같다. 그러면 생각이 머릿속에서 환영을 만든다. 즉, 생각의 활동은 생각이 거짓, 착각, 환상, 기대와 같은 환영을 만드는 행위를 말한다.

생각의 활동은
나의 가치판단, 선입견, 그릇된 지식, 감정 등으로 인해
생각이 거짓, 착각, 환상, 기대와 같은 환영을 만드는 행위이다.

예를 들어 내가 지금 꽃과 나무를 보고 있다고 하자. 그것에 대해 이런저런 가치판단을 한다면, 내 생각이 만든 상이 그 꽃과 나무에 덧씌워진다. 나의 그릇된 지식, 편견, 감정 등이 그것에 연속해서 더해지면, 그 꽃과 나무는 나에게 뭔가 문제가 있는 것처럼 여겨진다. 심지어 이상한 괴물처럼 비춰질 수도 있다. 그것은 실재하는 꽃과 나무가 아니라 생각이 만들어 낸 환영이다. 그 환영을 내가 진실이라고 믿을 때, 실재하는 꽃과 나무는 나와 분리되고, 나에게 비난과 공격의 대상이 된다. 나는 그러한 내 행위에 정당성을 부여한다. 결국 나는 그 꽃과 나무를 잃는다. 이와 같은 일들이 우리 일상에서는 비일비재하게 일어난다.

내가 누군가의 존재를 부정하는 것은 '그 사람은 나쁘다. 그가 그러면 안 된다.'는 것과 같다. 그 생각이 진실이라고 믿을 경우, 내 머릿속에서는 나의 생각을 정당화하는 생각들이 연이어 일어나 한 편의 가상영화를 만든다. 또 죄책감을 갖는 것은 '나는 그러지 말았어야 했다.' '나는 죄인이다.'는 것과 같다. 그 생각을 참이라고 여기면, 그것을 당연히 여기는 생각이 연달아 일어나서 한 편의 가상영화가 만들어진다. 어떤 것을 기대하거나 누군가에게 의존하는 것은 '이렇게 하면 좋아지겠지.' '저 사람이 나를 도와줄 거야.'라는 것과 같다. 그 생각을 진실이라고 믿으면, 그에 수반되는 생각이 꼬리에 꼬리를 물고 이어져 한 편의 가상영화를 만든다. 나는 기대에 부풀어 있기에 생각이 환영을 만들고 있다는 것은 꿈에도 생각하지 못한다.

사람들이 TV, 전자게임, 스마트폰, 유튜브와 같은 영상매체를 사용하는 중에도 생각이 환영을 만드는 행위는 수시로 일어난다. 사람들은 그런 영상들을 볼 때, 그 장면들이 실제로 움직인다고 생각한다. 그러나 그것은 모니터 상의 화소에서 여러 빛깔이 시차를 두고 제 자리에서 점멸하는 현상이다. 그것이 실제의 상황을 녹화한 것일지라도, 그것은 이미 디지털 정보화된 개념으로서 있는 것일 뿐 실재 자체는 아니다. 그럼에도 사람들은 그 영상의 장면들이 실재 자체라고 오인한다. 이런 영상들에 오랫동안 노출될수록 사람들의 머릿속은 착각이 만들어 낸 전자음으로 웅웅거린다. 정신은 다른 곳에 가 있고 신경은 예민해지며 몸은 경직된다. 괜히 화가 나거나 우울해지는 상황을 자주 경험한다.

생각의 활동은 항상 현실이나 실재와의 분리를 만든다. 생각의 활동이 만들어 낸 생각 자체가 환영이기 때문이다. 그 생각을 참이라고 믿을 경우, 사람들은 현실 속에 살면서도 현실과는 분리된 삶, 실재와 환영이 뒤섞인 삶을 산다. 내 생각이 옳다고 여기기에 자신이 그러한 상태에 있다는 것도, 또 그 상태에서 다른 사람들과 이 세상을 대하고 있다는 것도 알아채기 힘들다. 그로 인해 인간 사회에서는 온갖 속임수와 사기와 가짜뉴스가 난무한다. 사람들 간에 부정하고 배척하며, 지배하고 탄압하는 구조가 반복된다. 사람들은 여기에 있어도 마치 여기에 없는 것처럼 느껴지거나 분노와 증오가 이글거리는 상태가 된다.

이와 같은 현상은 사람들이 디지털 문화에 빠져들수록 심해진다. 사람들의 삶은 사행심과 호기심을 자극하는 방향으로 흘러들고, 각종 생각 중독에서 벗어나기 힘들다. 생각의 활동이 만든 환영들이 인간을 지배하는 모습이다. 우리가 생각의 활동이 무엇인지 알고, 생각을 내려놓는 법을 배울 때, 그리하여 몸을 기반으로 이 세상을 지각하고 느끼는 삶으로 올 때, 이런 모습들에서 자유로워질 수 있다.

내가 생각하는 것과 생각이 활동하는 것은 다르다

생각에 대해 분명한 태도를 가지면 생각이 바로잡힌다.

우리에게 생각이 일어나는 방식은 두 가지가 있다. 하나는 내가 생각을 사용하는 방식이고, 다른 하나는 생각이 나를 사용하는 방식이다. 전자를 '내가 생각한다.'고 말하고, 후자를 '생각이 활동한다.'고 말한다. 이 둘의 차이를 가만히 비교해 보기 바란다. 어떤 것이 다가오는가?

'내가 생각한다.'는 것은 내가 생각의 주체로 있다는 느낌,

나와 생각과의 관계가 바로잡혀 있다는 느낌이 든다. 반면에 '생각이 활동한다.'는 것은 내가 생각에 끌려다니는 느낌이 든다. 이 둘의 차이를 구별하는 것은 우리 삶에서 너무도 중요하다. 내가 생각의 주인으로서 살아가느냐, 생각의 노예로서 살아가느냐의 분수령이 된다.

내가 생각을 사용하는 것은 나 자신이 생각의 주인으로 있어야 가능하다. 나의 생존과 직결되기에 생각이 항상 실재와 존재에 기반해 있다. 예를 들어 존중과 감사는 내가 생각의 주인으로서 생각을 사용할 때 일어나는 일이다. 또 산책, 독서, 음악감상, 운동과 같이 우리의 삶을 건강하고 이롭게 하는 행위들 역시 내가 생각의 주인으로 있을 때 이루어진다. 이러한 상태를 우리는 자신이 존재한다는 느낌, 살아 있다는 느낌으로 인지한다. 그것이 삶에서 기쁨과 보람으로 다가온다.

이에 반해 생각이 활동한다는 것은 생각이 나를 사용하고 있다는 뜻이다. 나의 생존과는 상관이 없기에 생각이 이분법적 가치와 같이 생각이 만든 상에 기반해 있다. 이러한 생각들은 머릿속에서만 활동한다. 생각이 늘 옳고 그름, 맞고 틀림, 잘되고 잘못됨, 많고 적음 등과 같이 이분법적 가치에 따라 분주하게 움직인다. 예를 들어 내가 어떤 사람에 대해 '나쁘다.'고 여기면, 나는 그 생각의 가상공간 속에 갇힌다. 그 생각을 진실이라고 믿을 경우, 생각이 만든 상에 따라 행동하게 된다. 또한 '나는 나약하다. 힘이 없다.'고 여기면, 나는 그 가상공간 속에 갇혀 생각이 만든 상의 지배를 받는다. 생각이 나를 사용하는 모습들이다. 그것이 현실에서 좌절, 위축, 분노, 전가, 강박 등으로 나타난다.

이와 같이 내가 생각을 사용하는 모습과 생각이 나를 사용하는 현상은 전혀 다름에도 사람들은 이 둘을 구별하지 못한다. 생각을 자신과 동일시하기 때문이다. 그러면 생각이 활동하는 현상을 자신이 생각하는 것으로 오인한다. 그리하여 사람들은 생각이 자신을 사용하는 모습과 자신이 생각을 사용하는 모습이 뒤섞인 채 살아간다. 삶이 무질서나 비효율로 흐르기 십상이다.

내가 생각에 대해 분명한 태도를 가지면 생각의 활동이 일어나기 힘들다. 우리는 그러한 상태를 자신의 존재가 굳건해지거나, 몸의 지각과 느낌이 활성화되어 있을 때 경험한다. 예컨대 우리는 길을 걷을 때, 단번에 그 길의 주변 상황을 인지

하면서 걷는다. 이미 생각을 건강하게 사용하고 있는 상태다. 카페나 어떤 공간에 있을 때도 우리는 단번에 그 공간의 구조나 물건들을 인지한 채 그곳에 있다. 생각의 활동이 필요하지 않다. 산을 보고 구름을 볼 때도, 산의 구체적인 모습과 주변 정황, 구름의 형태와 하늘의 뉘앙스까지도 파악하고 있다. 역시 생각을 종합적이고 이상적으로 사용하고 있는 상태다.

그런데 생각이 활동하면, 우리는 생각이 만든 상에 사로잡혀 사물과 현상을 대한다. 그러한 모습은 마치 길을 걸을 때 스마트폰에 몰입한 채 걷는 상태와 같다. 위험이 다가와도 위험을 모르거나 위험을 더 키우는 상태가 된다. 나아가서 내가 생각하는 것과 생각이 활동하는 현상을 구별하지 못하면, 우리는 현실 속에 살면서도 가상현실을 만드는 VR기기를 머리에 쓴 채 살아가는 것과 같다. 누군가는 내가 VR기기를 머리에 쓰고서 휘두르는 팔다리에 얻어맞고, 누군가는 VR기기를 쓴 채 활동하다가 넘어져서 다친다. 또 다른 누군가는 자신이 VR기기를 머리에 쓰고 있다는 것은 알아채지 못한 채, 그것에서 상영되는 내용을 진실이라 믿고, 평생을 증오와 원망 속에서 살아간다.

만약 내가 이유를 알기 힘든 우울, 분노, 위축으로 고생하고 있다면, 생각이 부평초처럼 떠돌거나 삶이 무료하다고 느끼는 상태에 있다면, 사람들과의 관계에서 갈등, 원망, 전가가 발생한다면 생각이 활동하는 현상이다. 또한 나의 생각이 남의 권위나 정보, 기대, 예상, 가치판단과 같이 생각이 만든 상에 기반해 있는 것도 생각이 활동하는 현상이다. 이와 같은 생각들이 환영이라는 것을 알면, 우리에게 큰 도움이 된다. 그 생각의 활동을 허용하지 않으면, 지금 나의 현실과 상태가 금방 파악되고, 내가 당면한 문제를 실질적으로 해결하는 방향으로 나아가기 때문이다.

답은 늘
생각 바깥에서 온다

가슴이 세상을 바라보는 창문이 되면,

삶을 안정되게 살아갈 수 있다.

여러분은 이제 생각의 활동이 무엇인지 조금 다가왔을 것이다. 생각의 활동은 우리가 생각과 동일시되었을 때 발생한다. 생각을 나라고 여길 경우, 나의 인식이 늘 분리를 전제로 작동이 된다. 어떤 것에 대해 통합적인 시각을 갖기 힘들고, 우리가 본래 지니고 있는 단번에 알아채는 능력은 실종된다. 그리하여 더더욱 비교하고 분석하며 평가하는 사고체계를 갖는다. 생각이 어떤 것을 알기 위해 접근하는 방식이 그것이다. 생각이 우리의 삶의 근간이 될 때, 생각은 세상을 바라보는 창문이 된다. 우리는 생각이 만든 틀로 이 세상을 인식하고 접근한다.

인간의 문화, 관습, 법률, 통치체계, 경제 이론 등은 대부분 인간이 생각과 동일시된 상태에서 만들어진 것이다. 그중에는 효율적인 것들도 많지만 그렇지 않은 것도 상당히 많다. 사람들은 효율성이 떨어지는 경험을 하고 나서야 다른 식으로 접근해 보고, 또다시 실패하거나 성공하는 경험들을 한다. 소위 시행착오를 겪는 과정을 거친다. 생각이 삶의 근간이 되는 상태에서는 어떤 일에 대한 처리가 그렇게 진행될 수밖에 없다. 또한 세상을 자신한테 이로운 것들과 그렇지 않은 것들로 구분한다. 생존본능 때문에 그렇다. 내가 살아야 하니까 어떤 대상에 대한 분석과 판단은 필연적이 된다. 그것이 사람들에게는 이 세상을 살아가는 삶의 방식이 된다.

그런데 생각이 아닌 존재가 중심이 되는 삶의 방식이 되면, 다시 말해 가슴이 세상을 바라보는 창문이 되면, 우리는 삶을 안정되게 살아갈 수 있다. 인간 사회의 많은 제도가 지금

보다 훨씬 효율적으로 만들어지고 작동될 수 있다. 이에 대해서는 사람들이 생각해 본 적이 없을 것이다. 생각과 동일시된 상태에서는 생각이 아닌 차원, 생각으로는 알 수 없는 영역이 존재할 거라는 것은 생각하지도 못한다. 거의 대다수의 사람들이 생각을 기반으로 살아가는 상황에서 이와 다르게 본다는 것 자체가 오히려 현실과는 동떨어진 얘기, 이상적인 얘기로 치부되기 쉽다. 생각 자체로는 사실 풀 한 포기조차 틔울 수 없는데도 그렇다.

답은 늘 생각 바깥에서 온다. 우리가 숨을 쉬고, 허기짐을 느끼며, 맑은 새소리를 듣는 것이 생각과 무슨 상관이 있는가? 또 우주가 순환하고, 모든 생명이 존재하며, 바람이 부는 것이 생각과 무슨 연관이 있는가? 생각은 우리에게 도움을 주기 위해 존재한다. 하지만 우리가 생각과 동일시된 상태에서 그것은 먼 나라 이야기다. 생각과의 동일시가 우리를 얼마나 지치고 힘들게 하는지, 우리에게 얼마나 심각한 영향을 미치는지 스스로 인식하기 전까지는 여기서의 많은 얘기는 사람들에게 다분히 개념으로 머물 것이다. 그러나 적어도 우리의 존재와 생각의 오류에 대한 인식은 우리의 삶을 다시금 되돌아보게 할 것이다.

생각의 오류를 바로잡는 법

가슴에서 분명한 의향을 가지면 생각이 변한다.

사람들이 처한 상황이나 겪는 어려움은 다 다르다. 하지만 자신의 반복되는 불편은 특정한 무엇에 기인한다는 것을 대부분은 각자가 안다. 자신에게 불편을 초래하거나 걸림돌이 되는 행위가 무엇인지 파악이 되면, 그것을 내가 '멈추겠다.' 혹은 '덜 하겠다.'는 결심이 필요하다. 여기서 의지가 발현된다. 그런데 이럴 때 늘 생각이 영향을 끼친다. 걸림돌이 되는 그 행위를 그냥 안 하거나 멈추면 되는데, 그렇게 되지가 않는다. 그것은 생각을 바로잡지 않고서는 사실 가능하지 않다. 그러한 상황을 유발하는 게 바로 그 행위가 일어날 수밖에 없도록 학습된 생각이기 때문이다. 그 생각을 바로잡지 않고서는 아무리 어떤 노력을 한다고 해도 효율이 떨어진다.

문제의 본질은 언제나 나의 생각에 있다. 나는 생각이 아님에도 생각을 나라고 착각하는 것에서 문제가 비롯된다. 그러면 생각이 활동하며, 숱한 환영을 만들어 낸다. 그 생각을 진실이라 믿고 행동할 때, 고통이나 아픔을 겪는다. 문제의 해결은 내 생각의 오류를 바로잡는 데 있다. 생각의 오류는 놔둔 채 어떤 문제를 해결하려는 시도는 효율적이지가 않다. 이때 핵심적인 역할을 하는 것이 다음의 문장이다.

"나는 생각을 존중하되, 그것의 활동을 허용하지 않겠습니다."

먼저 나의 모든 생각을 존중한다. 그것이 오류가 있는 생각이든, 착각이든 관계없다. 사람들이 생각을 다루기 힘든 것은 생각에 대해 적의를 갖고 있는 경우가 많기 때문이다. 그만큼 생각으로 고생한 경험이 많아서 그렇겠지만, 그것은 내가 생각에 대해서 잘 알지 못해서 생긴 결과다. 생각을 존중한다는

것은,

생각이 있음을 인지하고,
생각이 생각으로서의 역할을 다 하도록 하는 것이다.

생각은 나의 존재 이후에 있는 것이다. 그런데 나와 생각과의 관계가 정립되지 않아서 생각이 고장이 났다면, 그로 인해 고통과 아픔을 겪는다면, 그것은 누가 만든 것인가? 생각은 내가 사용하는 것이다. 생각의 오류를 고쳐 생각이 유용한 기계로서 제 역할을 다 하도록 하는 것은 내가 해야 되는 일이다. 그것이 생각에 대한 존중이다.

그럼, 어떻게 생각의 오류를 바로잡을 수 있는지 같이 연습해 보자. 나에게 불편이나 고통이 있다면 그것을 가슴에 내려놓고, 그것에 "예" 한다. 잠시 침묵한다. 내 생각의 오류가 있다는 것을 인지한다. 그것이 구체적으로 무엇인지 몰라도 괜찮다. 그냥 나에게 불편을 유발한 생각이라고 인식하면 된다. 그 생각에 초점을 맞추고, 위의 문장을 천천히 소리 내어 말한다. 가슴에서 내 생각의 오류를 고치겠다는 분명한 의향을 갖고서 말하면 생각이 변한다.

보다 깊은 치유나 변화는 명상을 활용한다. 먼저 지금 나의 상황에 "예" 한다. 심장의 박동에 집중하고 잠시 기다린다. 그러면 숨이 점점 고르고 편안해진다. 이제 내가 움켜쥐고 있었던 생각을 내려놓는 상상을 한다. 혹은 나도 모르게 누군가의 일에 개입하고 있었던 상황에서 물러나는 상상을 한다. 지금의 불편과 관련해서 어떤 생각이나 감정이 올라온다면 역시 그것에 "예" 한다. 이와 같이 나에게 떠오르는 생각이나 감정에 대해 그때그때 "예" 하면, 내가 점점 고요해진다. 자연스럽게 생각이 변하고 치유가 일어난다.

이 방법이 단순해 보여도 치유나 변화에 결정적인 역할을 한다. 우리의 심적 고통이나 육체적 불편들은 대부분 생각의 오류에 기인한다. 사람들이 흔히 '병은 마음에서 온다.'고 말하는 것도 구체적으로는 이를 가리킨다. 생각의 오류가 고쳐지면 그로 인한 문제들이 효과적으로 해소된다. 그리 깊지 않은 심적 고통이나 몸살 같은 가벼운 몸의 불편은 이와 같은 요령으로 5~10분 정도 명상하면, 뚜렷한 효과를 볼 수 있다.

위의 문장에서 생각의 활동을 허용하지 않는다는 것은 생각을 하지 말라는 뜻이 아니다. 그것은 '내가 생각을 하더라도 생각의 활동은 허용하지 않는다.'는 의미다. 앞서 언급했듯이 내가 생각하는 것과 생각이 활동하는 것은 전혀 다르다. 생각의 활동은 생각이 나 위에 있는 모습, 생각이 환영을 만드는 행위이다. 나와 생각과의 질서가 어긋났을 때 발생한다. 생각이 함부로 활동하지 못하도록 할 때 그 질서가 바로잡히고, 내가 생각의 주인으로서 있는다. 그렇다고 억지로 생각을 제어하려고 애쓸 필요는 없다. 그것은 자칫 생각과의 싸움이 된다. 나의 불편이나 상황에 초점을 맞추고, 위의 문장을 말하는 것으로 충분하다. 그러면 점점 생각이 잦아들기 시작한다.

생각의 활동을 허용하지 않는 것에 대해 단순히 "아, 그렇군요. 알겠습니다. 그렇게 하죠."라고 가볍게 넘길 게 아니다. 의지를 갖고 단호하게 해야 한다. 이 책에서 제시된 다른 문장들도 그저 좋은 말로만 치부가 되면, 그 문장이 제대로 쓰이지 못한다. 그러면 생각이 자꾸만 나에 앞장서 뭔가를 하려고 한다. 당신이 스스로 그러한 상황을 방조하고 있는 셈이다. 생각이 주인이 아니라는 사실이 몸에 밸 때까지 위의 문장을 꾸준히 연습하는 게 좋다. 때로는 만트라처럼 말해도 괜찮다. 감정적으로 힘들거나 머릿속이 복잡할 때는 그 원인을 찾으려 하지 말고, 그냥 위의 문장을 두세 번 말하는 게 훨씬 효과적이다.

나의 자리

우리가 아무리
어떤 것을 간절히 바란다고 해도
되지 않는 일은 되지 않습니다.
생각의 활동이 만들어 낸 일들이 그렇습니다.

그것은 환영의 씨앗을 땅에 심고,
그 씨앗이 자라나기를 바라는 것과 같습니다.
가능하지 않은 일이고,
이루어질 수 없는 일입니다.

실제로 이루어지는 일은 오직 하나,
실재의 씨앗을 뿌리는 것입니다.
모든 있음의 토대 위에서 실제의 흐름을 직시하고,
그 질서에 따라 행동하는 것입니다.

생각은 호락호락하지 않습니다.
생각의 활동에 대해 단호하게 응대해야 합니다.
생각은 활동하는 순간 환영을 만듭니다.
나를 나 자신과 분리시키고 실재에서 멀어지게 합니다.

그 환영이 터진 것이
그동안 우리를 그토록 고통스럽고 눈물 나게 했던 것입니다.
가슴으로 돌아와 실재에 기반한 일을 하는 것이
우리가 정말로 해야 할 일입니다.

이 삶과 몸이 나와 함께 있음을 알고,
가까운 주변 사람들이 나와 함께 있음을 알며,
이 세상이 완전하다는 것을 알 때,
우리는 자신의 자리에 섭니다.

예, 그것이면 됩니다.
우리는 그 자리에서
나를 치유하고 생각도 치유하는 삶,
내가 인생의 주인으로서 있는 삶을 감사하게 삽니다.

5부

나는 정말
이 땅, 이곳에서
살고 있습니까?

우리의 삶에서 가장 기본적인 토대가 있다. 너무도 당연한 것이지만 사람들이 너무도 쉽게 놓치는 것이다. 이것이 삶에 녹아들지 못하면 우리가 삶에서 기쁨과 보람을 누리는 것이 쉽지 않고, 어려움을 극복하는 것도 만만치 않다. 그것이 무엇일까? 그것은 바로 '있음'에 대한 존중이다. 내가 있고, 당신이 있으며, 이 세상 모든 것들이 있음을 아는 것을 말한다. 이 있음에 대한 존중이 잘될 때, 내가 하고 있는 일도 잘되고, 사람들과의 관계도 좋아지며, 삶이 편안해진다.

'어떤 것이 있다.'는 것은 본질적이다. 물이 있어야 물과의 관계에서 일어나는 모든 활동, 추억, 생각이 가능하다. 또 몸이 있어야 몸을 기반으로 이루어지는 모든 관계, 활동, 생각이 가능하다. 이와 같이 어떤 것이 있다는 것은 그와 관련된 모든 현상과 모든 것들이 존재하기 위한 기본 토대다. 우리가 '있음'을 잊는다면, 우리의 본질을 잃는 것과 같다.

예를 들어 우리가 부모님이 있다는 것은 알지 못하고, 부모님에 대해 이렇다 저렇다고 비난한다면, 우리는 부모님을 잃는다. 또한 배우자가 있다는 것은 알지 못한 채, 배우자에 대해서 이런저런 힐난을 한다면, 우리는 배우자를 잃는다. 마찬가지로 자녀가 있다는 것은 알지 못하고, 자녀에 대해서 이렇고 저렇다는 질책을 한다면 우리는 자녀를 잃는다.

'있음'은 늘 생각보다 우선한다. 실체가 있어야 그림자가 생길 수 있는 것과 같다. 만약 그림자가 실체를 부정한다면, 다시 말해 생각이 어떤 것이 '있음'을 부정한다면 어떻게 되는가? 그 생각은 자신의 존립기반을 부정하는 생각, 뿌리가 없는 생각, 모순된 생각이다. 즉, 환상이자 고장 난 생각이다. 그림자가 실체를 지배한 격이다. 그것은 생각의 활동이 만들어낸 환영들이다. 우리의 삶과 인간 사회에는 이런 환영이나 고장 난 생각들로 넘쳐난다.

그렇지만 환상과 고장 난 생각이 나쁘거나 잘못된 것이라는 생각은 경계해야 한다. 누군가를 부정하거나 배척하는 것이 나쁘다는 생각도 주의해야 한다. 그런 생각을 갖는 순간, 우리는 이중 락lock의 상태에 빠진다. 이것이 무엇인지는 이 단원의 후반부에서 얘기한다. 이 세상은 모든 것이 허용되는 곳이다. 모든 현상, 모든 것들이 존재할 수 있다. 환상이나 고장 난 생각 역시 하나의 있음으로서 존재한다. 다만 그것은 실재하는 게 아니라 사람들의 머릿속에서 개념으로만 존재한다. 우리가 그것들에도 "예" 할 수 있다면, 오히려 실재에 기반해서 행동하게 된다. 환상이나 고장 난 생각이 우리가 보다 굳건하게 존재할 수 있도록 돕는 셈이다.

이 단원에서는 우리가 자신으로서 존재하는데 기본이 되는 것들에 대해 살펴본다. '있다' 연습은 무엇이고, 그것을 어떻게 삶에 적용하는지, 인생에서 갈증과 결핍의 본질은 무엇인지 알아본다. 끝으로 이중 락lock은 무엇인지에 대해서 배운다.

우리는 그동안
얼마나 많은 관념 속에서
살아왔던가

'있다' 연습이 몸에 배면,

삶에 경이로움과 감사가 함께 한다.

여러분은 자신의 눈, 코, 귀, 입이 있다는 것을 알고 있을까? 그렇다고 생각하겠지만 실제로는 잘 모르고 있다. 다분히 관념적으로 알고 있다. 왜 이런 말을 하는지 이어지는 연습을 통해서 금방 느낄 수 있을 것이다. 중요한 과정이기에 여러분이 잘 따라와 주시면 고맙겠다. 자, 소리를 내서 "코가 있다."고 한번 말해 본다. 꼭 소리 내어 발성해 본다. 그리고 잠시 기다린다. 그렇게 말하기 전과 후에 어떤 차이가 있었는지 비교해 본다. 어떤 변화를 느꼈는가? 숨이 코로 저절로 들이켜졌을 것이다. 이후에 코가 저절로 벌름거렸거나 숨이 더 깊게 쉬어졌을 수 있다. 그 차이가 느껴졌는가?

이제는 "입이 있다."고 소리를 내서 말해 본다. 그리고 잠시 기다린다. 그렇게 말하기 전과 후의 차이를 비교해 본다. 입이 저절로 미소를 지었거나 오물거렸을 것이다. 혀 밑에 침이 고였을 수도 있다. 그 변화를 느꼈는가? 같은 방식으로 "귀가 있다." 또 "눈이 있다."고도 말해 본다. 그리고 그렇게 말하기 전과 후의 차이를 각각 비교해 본다. 귀가 저절로 쫑긋해져 더 많은 소리를 들었거나 평소 안 듣던 소리까지 귀에 들려왔을 것이다. 눈도 저절로 부리부리하게 떠져서 더 많은 것이 눈에 들어왔거나, 사물과 풍경이 더 선명하게 보였을 것이다. 그 변화가 느껴졌는가?

어떻게 이런 변화들이 가능한 것일까? 그것은 내가 눈, 코, 귀, 입이 '있다.'고 말함으로써 그 대상들에 저절로 초점이 맞추어졌고, 그것과 공명하였기 때문이다. 그래서 평소 생각으로 단절되었던 나와 그것 사이에서의 정보들이 보다 활성화된 것이다.

내가 '~이(가) 있다.'고 소리를 내서 말하기 전까지 기존에 알고 있었던 눈, 코, 귀, 입은 나에게 다분히 개념적으로 머물고 있었음을 의미한다. 달리 말해 우리는 눈, 코, 귀, 입이 있었어도 그것을 주로 생각으로만 대하고 있었던 셈이다. 그것은 실재하는 것들이라기보다는 머릿속에서 개념으로 있는 것들이다. 어떤 면에서 우리는 우리의 눈, 코, 귀, 입과 단절된 상태로 살아왔던 것이다. 이는 우리 주변의 모든 대상물에 대해서도 마찬가지다. 어떤 것이 '있음'을 몸의 지각과 느낌을 통해서 알아차리기 전까지는 우리는 그것이 '있음'을 제대로 모르고 있었던 것과 같다.

만일 아침에 햇살이 비친다면, "햇살이 있다."고 소리를 내서 한번 말해 보라. 햇살이 있다는 게 참으로 감사하고 은혜롭게 다가온다. 새소리가 들린다면, "맑은 새소리가 있다."고 소리 내서 말해 보라. 새의 그 지저귐이 훨씬 맑고 명랑하게 다가올 것이다. 등산을 하러 간다면, 산을 오르면서 "산이 있다."고 한번 말해 본다. 산이 있다는 게 정말 감사하고 풍성하며 든든하게 다가온다. 또한 요리를 하려고 양파를 썬다면, "양파가 있다." 혹은 "소리가 있다."고 말하고 양파를 썰어 보라. 양파가 썰리는 그 생생함이, 도마 위에 칼 닿는 소리가 참으로 경쾌하게 다가올 것이다. 식사하는 중이라면, "이가 있다."고 소리 내서 한번 말하고 식사해 보라. 이가 얼마나 힘차게 음식을 씹는지 깜짝 놀란다.

이와 같이 우리는 어떤 것이 있음에도 정작 그것들이 있음을 모르고 살아왔던 것과 같다. 우리 주변에 있는 땅, 공기, 나무, 집, 물, 자동차, 개, 고양이, 구름, 달, 별에 대해서도 '~이(가) 있다.'고 소리 내서 말해 보라. '있다' 연습이 몸에 배면 우리의 삶은 깊은 감사와 경이로움이 함께 한다.

‘있다’ 연습은
우리를
이곳에 있게 한다

‘있다’ 연습은 우리가 잘될 수밖에 없는 길로 이끈다.

우리가 어떤 것이 ‘있음’을 잊는다면 삶의 기본 토대를 잃는 것과 같다. 관념적이 되거나 자기세계에 빠지기 쉽다. 가까운 주변 사람들이 나와 함께 있다는 것을 알지 못할 때 더욱 그렇다. 그래서 이번에는 우리 주변의 가까운 사람들에 대해서도 ‘있다’ 연습을 해 보자. 먼저 부모님부터 시작한다. 부모님이 돌아가셨든, 살아계시든 상관없다. 호칭은 평소 말했던 대로 사용하면 된다. 그리고 ‘있다’ 연습은 가슴에서 한다. 가슴에는 모든 것과 공명할 수 있는 기능이 있다. 가슴에서 '있다' 연습을 하면 가슴이 활성화되고, 우리가 지닌 본래 힘도 활용할 수 있다. 이번에도 여러분이 잘 따라와 주시면 고맙겠다.

자, 가슴에서 "엄마가 있다. 엄마가 나와 함께 있다."고 소리를 내서 말해 본다. 그리고 잠시 기다린다. 그렇게 말하기 전과 후의 차이를 비교해 본다. 어떤 변화를 느꼈는가? 엄마가 있다는 게 그냥 좋다. 어떤 울컥함 같은 게 저절로 올라온다. 엄마가 나와 함께 있어서 그저 감사하고, 평온하고 든든하다. 엄마가 나와 함께 있다는 것에 비하면 다른 것들은 다 부차적이다.

이번에는 가슴에서 "아버지(아빠)가 있다. 아버지(아빠)가 나와 함께 있다."고 천천히 소리 내어 말해 본다. 그리고 잠시 기다린다. 어떤 변화를 느꼈는가? 역시 아버지가 있다는 게 그저 감사하다. 아버지가 있어서 든든하고 큰 힘이 된다. 어떤 울컥함 같은 게 저절로 올라온다. 아버지가 나와 함께 있다는 것에 비하면 다른 것들은 다 부차적이다.

자, 이번에는 가슴에서 "아내가 있다. 아내가 나와 함께 있다." 혹은 "남편이 있다. 남편이 나와 함께 있다."고 소리 내서 한번 말해 본다. 그리고 잠시 기다린다. 어떤 변화가 느껴졌는가? 나한테 아내가 있다는 게 그냥 좋고, 남편이 있다는 게 좋다. 이런 여자를 아내로 만나서 감사하고, 이런 남자를 남편으로 만나서 감사하다. 조금 서투른 것도 있고 부족한 것도 있지만, 그런 것은 아무런 문제가 되지 않는다. 나 역시 조금 서툴고 부족하다. 내가 좀 더 잘해 주지 못한 거 같아서 오히려 미안하다.

이제는 자녀의 이름을 넣어서 "~이(가) 있다. 내가 ~과(와) 함께 있다."고 소리 내서 말해 본다. 그리고 잠시 기다린다. 나한테 자녀가 있다는 게 그저 감사하다. 무엇 하나라도 더 잘해 주고 싶은 마음이 든다. 조금 더 잘해 주지 못하고, 조금 더 존중해 주지 못한 거 같아서 미안하다. 나의 자녀가 굳건하게 자랄 수 있다면 참으로 기쁘겠다. 부부가 자녀를 둔 상태에서 이혼한 경우, 위의 문장이 처음에는 조금 덜 다가올 수 있다. 부모의 마음 한편에 있는 죄책감 때문이다. 위의 문장을 몇 번 더 소리 내서 말해 본다. 아이들의 부모로서 자신의 부재를 새삼 느낄 수 있고, 자신의 존재를 보다 단단하게 다지는 계기가 될 것이다.

할아버지와 할머니에 대해서도 '있다' 연습을 해 보자. 우리는 가슴에 누군가가 없으면 그만큼 허전함을 느끼고 힘을 잃는다. 평소에는 그것을 잘 감지하지 못한다. 할아버지와 할머니는 우리가 어렸을 때 돌아가신 경우도 많아서 우리의 뇌리에서 잊혔을 수도 있다. 이따금 당신들이 내 가슴에 계시도록 하면 우리는 그만큼 풍성해지고 힘을 얻는다. 지금 각자 소리를 내서 한번 연습해 본다. 삶에 대한 나의 자세가 달라지는 것을 느낄 수 있을 것이다. 선대의 모든 분들은 후손이 잘되기를 원한다. 지금도 우리의 가슴속에 말없이 계시지만, 우리가 그것을 감지하지 못하고 있을 뿐이다. 선대의 모든 분들께 감사하고, 당신들이 그러하신 그대로 나의 가슴에 계시도록 하면, 우리의 삶은 잘될 수밖에 없다.

모든 것은
나와
하나로 울린다

행복과 기쁨은 내가 모든 것들과 함께 울릴 때 찾아온다.

'있다' 연습은 우리의 인식의 초점을 그 대상에 맞춰 주고, 우리가 그것과 공명하게 한다. 예를 들어 내가 산이 있다는 것을 알 때, 내 인식의 초점이 산에 맞춰지고, 나는 산과 함께 울린다. 그것이 평온함과 든든함으로 다가온다. 또 바다가 있다는 것을 알 때, 바다에 내 인식의 초점이 맞춰지고, 나는 바다와 함께 울린다. 그것이 평화로움과 풍요로움으로 다가온다. 반면에 내가 어떤 것이 있음을 알지 못한다면, 나는 그것과 공명하기 힘들다. 그것이 인생에서 갈증이나 고립감으로 다가온다. 때로는 분노나 자책이 되기도 한다. 행복과 기쁨은 언제나 내가 모든 것들과 함께 울릴 때 찾아온다.

우리가 인간으로 있는 이상 모든 것들과 공명하기는 힘들겠지만, 적어도 내 주변에 있는 사람들이나 대상들에 대해서는 '있다' 연습을 자주 활용하는 게 좋다. 그중 기본적인 것은 가족, 국가, 돈, 몸, 일, 생각 등과의 관계다. 앞서 나와 가족에 대해서는 연습을 해 보았기에 여기서는 다른 것들에 대해서 '있다' 연습을 해 보자.

자, 가슴에서 "대한민국이 있다. 대한민국이 나와 함께 있다."고 소리를 내서 한번 말해 본다. 그리고 잠시 기다린다. 어떤 변화가 느껴졌는가? 대한민국이 있다는 게 그냥 좋다. 어떤 울컥함 같은 게 저절로 올라온다. 대한민국이 나와 함께 있어서 그저 감사하다. 누가 감히 이 나라, 이 땅을 함부로 침범하게 그대로 놔두겠는가? 굳이 애국심을 강조할 필요도 없다. 내가 대한민국이 있다는 것을 아는 것만으로도 나는 어떻게 행동해야 할지 안다. 대한민국이 있다는 것을 모르는 사람들이 함부로 대한민국을 비난하거나 사대주의에 빠진다. 대한

민국이 나와 함께 있다는 것을 알 때, 그리고 내가 대한민국과 함께 있다는 것을 알 때, 나는 이 나라와 하나로 울린다.

이번에는 돈에 대해서 '있다' 연습을 해 보자. 가슴에서 "돈이 있다. 내가 돈과 함께 있다."고 소리를 내서 말해 본다. 그리고 잠시 기다린다. 어떤 변화를 느꼈는가? 나한테 돈이 있다는 게 너무 좋다. 내가 돈과 함께 있어서 더욱 감사하고 기쁘다. 부자가 된 느낌이다. 돈 관리를 잘해야겠다는 생각이 든다. 여기서 중요한 것은 돈을 사용하는 주체가 누구인가라는 것이다. 그것도 가만히 느껴 본다. 내가 돈의 주인으로서 있다는 것이 분명하다. 내가 존재하고 나서 돈이 있지, 돈이 있고 나서 내가 있는 것은 아니다. 이것 못지않게 중요한 것은 돈을 존중하는 것이다. 돈은 물질인 동시에 사랑이다. 돈이 나와 함께 있음에 감사하고, 이 삶을 살찌우는 것에 감사할 때, 돈은 사랑으로서 화답한다. 나의 삶은 깊고 풍요로워진다.

내가 회사를 다니고 있다면 회사에 대해서도 '있다' 연습을 해 보자. 또 어떤 일을 하고 있다면 그 일에 대해서도 '있다' 연습을 해 보자. 나한테 내가 다니는 회사가 있다는 것이 정말 감사하다. 나에게 일이 있다는 것도 참으로 감사하다. 내가 하고 있는 일에 보다 집중하게 된다. 그것이 기쁨과 보람으로 돌아온다. 내 주변에 있는 컴퓨터, TV, 책상, 소파, 피아노, 옷, 비누, 칫솔, 스마트폰 등에 대해서도 '있다' 연습을 해 보자. 이런 물건들이 나와 함께 있음이 새삼 더욱 감사하고 풍성하게 다가온다. 내 생각이나 감정에 대해서도 '있다' 연습을 할 수 있다. 나에게 우울이나 분노가 있다면, "우울이 있다. 내가 우울과 함께 있다." 혹은 "분노가 있다. 내가 분노와 함께 있다."고 소리를 내서 한번 말해 본다. 그 우울과 분노가 금방 가라앉거나, 나의 상황을 객관적으로 바라볼 수 있다.

이와 같이 '있다' 연습은 우리가 이 땅에 굳건하게 뿌리내리도록 도와준다. 우리가 하늘과 땅이 있어도 하늘과 땅이 있음을 알지 못하면 어떻겠는가? 또 싱그러운 바람과 맑은 햇살이 있어도, 수많은 동물과 식물, 아름다운 별빛들이 있어도 그것들이 있음을 알지 못하면 어떻겠는가? 나아가서 나에게 가족과 가까운 주변 사람들이 있어도 내가 그들이 있다는 것을 알지 못하면 어떻게 되겠는가? 이 모든 것, 모든 있음이 나와 하나로 울리고 있음을 알 때, 나는 비로소 여기에 산다.

결핍의 본질은 무엇인가

인생에서 갈증과 결핍은 자신의 부재에서 온다.

사람들은 자신이 얼마나 많은 관념 속에서 살아가고 있는지 잘 알지 못한다. 우리가 '있다' 연습을 통해서 그것을 조금 실감했을 것이다. 이 세상의 모든 것이 나와 함께 있다는 것을 알지 못할 때, 우리는 그만큼 실재에서 멀어지고, 자신과도 멀어진다. 모든 것과 하나로 울리고 있는 힘이 바로 자기 자신이기 때문이다. 우리가 생각 속에 갇힐수록 결국 자신이 누구인지도 완전히 잊는다. 그럴 때 결핍이 찾아온다. 곧, 우리가 인생에서 느끼는 결핍은 자신이 실재에서 멀어져 있는 현상, 자기 자신이 누구인지 알지 못해서 찾아오는 갈증이다. 나를 존중하고 싶어도 내가 누구인지 알지 못해서 나를 존중하기 힘든 상태가 우리가 갖고 있는 결핍의 본질이다.

거의 모든 사람은 지금 자신의 모습이 자기 자신인 줄 안다. 그러나 그것의 상당 부분은 생각이 만든 상이다. 예컨대 사람들은 육체를 자기 자신이라고 생각한다. 그것은 보이는 몸의 형상을 자신이라고 생각하는 것이다. 실제로 존재하고 있는 나를 의미하지는 않는다. 실재하는 나는 몸의 지각과 느낌을 통해서만 감지할 수 있다. 우리가 음식을 맛보거나 소리를 듣거나 냄새를 맡을 때, 기쁨이나 슬픔 등을 느끼고 어떤 것을 알아차릴 때, 우리는 자신이 존재한다는 것을 안다. 생각으로는 그것을 알 수 없다. 생각은 지각하고 느끼는 기능이 없다. 몸을 통해 '어떤 것이 있음을 지각하거나 알아차리지 못하는 상태에 있는 나'는 실재하는 나가 아니라 생각이거나 생각이 만든 상이다.

사람들은 이 둘을 잘 분별하지 못한다. 생각을 자신이라고 여기기 때문이다. 그러면 생각이 만든 상을 자신이라고 착각한다. 생각의 영역을 벗어나는 것들은 뇌리에서 사라진다. 그것은 실재하는 나, 즉 지금의 나를 존재하게 하는 힘이 사라지는 것을 의미한다. 그 자리를 생각이 만든 상이 대신한다. 그리하여 사람들은 생각의 관점에서 세상을 인식하고 바라본다. 생각이 만든 상에 근거해서 어떤 일이 생각한 대로 이루어지면 좋은 것이고, 그렇지 않으면 그것이 잘못됐거나 나쁜 것이라고 여긴다. 생각이 만든 도그마에 의해 주변의 실재하는 것들을 부정하거나 배척하고 파괴한다. 자신의 존재 역시 스스로 부정하거나 비하한다.

우리가 숨을 쉬고, 어떤 것을 지각하며, 몸이 신진대사를 하는 것은 생각이 관여할 수 없는 부분이다. 그것마저도 생각이 관여할 수 있었다면, 인간은 지금과 같이 살아가는 것조차 불가능했을 것이다. 그만큼 우리는 지금의 자신을 존재하게 하는 힘인 실재하는 나와 멀어져 있고, 자신의 본래 모습도 알지 못한다. 자신이 지닌 힘도 거의 활용하지 못하고 있다. 이 세상에서 가장 소외된 사람이 있다면 바로 자기 자신이 아닐까? 아무리 나를 사랑하라고 해도 내가 누구인지 알지 못해서 나를 사랑할 수 없다면, 그것처럼 슬픈 일이 또 있을까? 이러한 상태가 우리에게는 남모를 우수로, 인생의 갈증과 공허함으로, 막연한 동경과 그리움으로 나타난다. 본질적으로 보면 자기 자신을 향한 동경과 그리움이다.

사람들은 결핍을 해소하기 위해 이런저런 경제활동을 하고 원하는 바를 추구하지만, 자신이 본질적으로 갖고 있는 결핍은 그와 같은 활동으로는 채워질 수 없는 목마름이다. 그런 대상들을 통해서 잠시 목을 축일 수는 있겠지만, 또 다른 갈증이 찾아오기 마련이다. 자신의 부재, 나의 상실, 내가 없음이 그러한 것들로 채워질 수는 없기 때문이다. 존재한다는 것이 무엇인지는 생각으로 이를 수 없는 영역이다. 모든 것들과의 공명을 통해서만 다가온다. 결국 나의 존재를 스스로 지각하고 느끼는 수밖에 없다. 생각의 한계를 알고 생각을 내려놓으며, 내가 모든 것과 하나로 울리고 있음을 몸으로 지각하고 느낄 때, 실재하는 나가 다가온다. 그리하여 실제 자신이 누구인지 안다.

자신이 누구인지 알 때야 지금의 나, 생각과 동일시된 나를 존중할 수 있다. 이런 맥락에서 생각의 초점을 바로잡는 것은 이 세상에서 가장 소외된 사람, 바로 나 자신을 온전히 존중하기 위해서도 꼭 필요하다. 지금의 내가 이 세상의 모든 것을 가능하게 하는 힘에 공경과 감사로 향할 때, 우리는 자기 자신으로 돌아오고, 인생의 중심으로서 살아갈 수 있다.

우리가 넘어야 할
인식의 고개,
이중 락(lock)

내가 진실이라고 믿고 있는 것이
나의 발목을 잡을 수 있다.

인생은 늘 어떤 어려움과 기쁨이 교차한다. 어려움과 기쁨은 사실 똑같은 원리로 작동된다. 기쁘고 좋은 일이 꼭 좋게만 작용하는 것도 아니고, 어렵고 힘든 일이 안 좋게 끝나는 것도 아니다. 나에게 다가온 기쁘고 즐거운 일들을 제대로 소화하지 못하면, 그것이 어느 순간 어려움으로 반전된다. 이와 같은 인생길에서 나의 상태를 돌아보는 데 유용한 개념이 이

중 락lock이다. 내가 인식의 한 고개를 넘었을지라도, 또 다른 인식의 고개는 넘지 못해서 걸려드는 생각의 오류를 말한다.

예컨대 내가 누군가를 부정해서 그와 심한 갈등을 겪게 되었다고 하자. '아, 내가 사람들을 함부로 판단해 이런 아픔을 겪는구나!'라는 것을 뼈저리게 배웠다. 나의 생각을 고쳐먹는다. 그 덕분에 삶이 평온해졌다. 그런데 저기 저 사람은 내가 알게 된 것들을 모른다. 함부로 다른 사람들의 일에 개입하고 상대방을 판단한다. 그가 상대방과 심한 마찰을 겪는다. 그 모습을 보고 내가 얘기한다. '아직 이런 것도 모르고. 쯧쯧쯧.' 이중 락에 걸려드는 순간이다.

어떤 분야의 전문가, 다른 사람들을 치료하는 사람, 성직자와 같이 남을 돕는 위치에 있는 사람들은 이중 락을 더욱 조심해야 한다. 자신이 알고 있는 것이 어떤 것의 일부만을 본 것이거나, 다른 측면에서는 실제와 전혀 다른 얘기일 수 있다. 막상 본인은 자신이 고생하여 이른 경지이기에 그것을 감지하기 힘들다. 자신의 생각이 옳다고 여기는 도그마에 빠져있을 수도 있다. 그로 인해 본의 아니게 다른 사람들에게 비효율적인 처방을 내리거나 왜곡된 관념을 심어 줄 수 있다. 사람들은 그런 줄도 모르고 그의 권위를 맹목적으로 추종한다. 그리고 한고비 넘었다고 안심한다. 그 폐해는 누구에게 돌아가는가? 각자에게 돌아간다. 도움을 준 사람도 해를 입지만, 상대방의 권위를 맹목적으로 따른 사람들의 피해가 훨씬 클 수 있다.

복권에 당첨되거나 주식투자 등으로 큰돈을 번 경우에도 이중 락에 걸려들기 쉽다. 갑작스레 어떤 일이 잘 풀리거나 큰 성황을 이루는 경우에도 마찬가지다. '내가 그동안 고생을 많이 했는데, 이제 인생이 풀리려나보다. 고생 끝, 행복 시작.'이라고 생각할 수 있다. 자신이 인생의 한고비를 넘어선 것은 맞을지라도 그것이 꼭 좋게만 작용하지 않을 수 있다. 갑작스럽게 큰돈이 생기거나 사업이 큰 성황을 이루는 경우, 방만한 생각을 갖기 쉽다. 그 돈이 빠져나가는 과정에서 혹은 상대방의 모해를 받아서 심리적으로나 경제적으로 더 큰 아픔을 겪을 가능성이 높다. 우리는 그러한 사례를 주변에서 흔히 본다.

이중 락은 우리가 자신의 존재를 잊었을 때 주로 발생한다. 그러면 시선이 자신에게 머물기보다는 외부로 향한다. 남의 정보와 권위를 쫓거나 기대, 예상, 가치판단과 같은 생각이 만든 상에 사로잡힌다. 그렇게 될 경우 자신도 모르게 거만해지기 쉽다. 생각이 만든 상에 근거해 사물과 현상을 재단하며, 자신이 다른 사람이나 다른 것들보다 위에 있는다. 그것이 실망, 위축, 분노 등으로 돌아온다. 언제나 힘은 나에게서 온다. 내가 나의 자리에 있을 때에야 세상을 제대로 바라보고 힘을 발휘할 수 있다. 이와 같은 우리의 인생길에서 이중 락lock은 나 자신을 돌아보고, 내가 나의 자리로 돌아오는 데 실질적인 도움을 준다.

언제라도 힘들면

언제라도 힘들면
"예…."
합니다.

말없이
가슴에서
가슴을 지각하며 쉽니다.

예,
가슴은
당신의 보금자리입니다.
당신은 가슴에서 쉬어도 됩니다.

예,
당신은 심장에서

당신을 만나도 됩니다.
당신의 힘이 있는 곳입니다.

예,
당신은 다시 일어서도 됩니다.
심장에서 모든 것들과 함께
다시 일어섭니다.

예,
당신은 이제
기쁘게
당신의 삶을 사셔도 됩니다.

6부

우리의 꿈을 이루어 주는 힘, 의향과 의지

사람들은 어떤 것을 바라지만 그것이 현실화되지 않은 경험들을 대부분 갖고 있다. 그로 인한 실망과 좌절을 겪는다. 사실 당연한 결과다. 바람은 실재하는 게 아니기 때문이다. 그것은 생각이 머릿속에서 어떤 것이 '이렇게 됐으면 좋겠다.'고 원하는 희망사항이다. 생각은 생각일 뿐, 실제로 그것을 구현할 힘을 갖고 있지는 않다. 여기서 생각의 속성이 또 한 번 드러난다. 생각이 개념으로서 갖는 한계다. 사람들은 어떤 일이 이루어졌을 때, 자신이 곰곰이 생각을 많이 하고, 계획을 잘 세워서 그렇게 됐다고 생각한다. 그런데 실상은 그렇지 않다. 어떤 일이 현실화되는 데 생각이 차지하는 비중은 많아봤자 20% 정도다.

그럼, 무엇이 우리가 원하는 것들을 실제로 이루어지게 할까? 의향이다. 의향은 삶의 원동력이다. 배가 바다를 항해한다고 할 때, 그 배가 일정한 방향으로 나아가게 하고, 그 배의 움직임이 지속되게 하는 힘과 같은 역할을 한다. 행동 역시 중요하지만 행동은 어찌 보면 그냥 따라오는 것이다. 그 행동을 가능하게 하는 힘이 바로 의향이다. 의향이 없는 상태에서는 아무리 훌륭하고 그럴듯한 생각일지라도 그저 생각으로만 머물기 쉽고, 그것이 행동으로 이어지기는 힘들다.

예를 들어 '나는 밥을 맛있게 먹고 싶다.'와 '나는 밥을 맛있게 먹어야지.'는 다르다. 전자는 바람으로서 생각에 가깝고, 후자는 실질적인 행동이 따르는 의향에 가깝다. 내가 '밥을 맛있게 먹어야지.'라는 의향이 서면, 음식을 할 때 이런저런 재료를 더 추가해서 요리를 하거나 밥을 먹는 나의 자세가 달라진다. 반면 내가 '밥을 맛있게 먹고 싶다.'는 것은 그림 속의 떡과 같다. 그 생각이 실제 행동으로 이어지지는 않는다. 또한 '나는 병이 나으면 좋겠다.'는 것과 '내가 병이 나아야지.'라는 것도 다르고, '나는 돈이 있으면 좋겠다.'는 것과 '내가 돈을 좀 벌어야겠다.'라는 것도 다르다. 이러한 생각의 차이를 만드는 바탕에 의향이 있다.

의향은 삶을 변화시키는 힘이다. 반면 생각은 사물과 현상을 표현하는 개념이다. 힘과 개념은 엄연히 다른 것임에도 사람들은 이 둘을 잘 분별하지 못한다. 그래서 생각이 힘을 갖고 있다고 착각한다. '생각이 곧 힘이다.'라고 주장하는 사람들도 있다. 자신이 생각과 동일시되어 생각에게 그러한 힘을 부여했기에 그리 인식되는 것이라고는 알아채지 못한다. 생각이 그려 내는 이미지와 그림들이 너무도 그럴듯하기 때문이다. 자신의 생각이 그냥 맞는 것 같고, 그 생각대로 행하지 않으면 뭔가 손해를 보거나 잘못될 것처럼 여긴다. 자신이 생각한 대로 그 일이 이루어질 것이라고 오인하기도 한다. 이러한 사고 습성이 우리에게는 뼛속 깊이 배여 있다. 우리가 생각의 굴레에서 그토록 벗어나기 힘든 이유다.

생각은 문제해결 능력이 없다는 것을 명심해야 한다. 생각으로 어찌 실제 소금 맛을 알 수 있고, 개념으로 된 씨앗이 어찌 실제로 싹을 틔울 수 있겠는가? 생각은 힘을 갖고 있지 않다는 것을 모르면 자꾸 생각으로 어떤 일을 해결하려고 한다. 그렇게 되면 생각이 나에 앞장서 자신이 주인인 양 활동한다. 나는 생각이 만든 상에 사로잡혀 실제로는 가능하지 않은 일들을 한다. 생각은 개념으로서 단지 우리 삶을 도와주기 위한 유용한 도구로 있는 것이다. 우리의 의향이 서면, 생각은 그 의향이 현실화되도록 구체적인 계획이나 영감 등으로 여러 가지 지원을 해 준다. '뜻이 있는 곳에 길이 있다.'는 말도 의향이 지닌 힘을 두고서 하는 말이다.

뚜렷한 의향은 곧 의지로 연결된다. 의지는 의향이 이루어지도록 하는 실질적인 힘이다. 우리를 행동하게 하는 것이 생각이라고 여길 수 있겠지만, 전혀 그렇지 않다는 것을 다시 한번 분명하게 짚고 넘어가야 한다. 사람들이 삶에서 원하는 것은 결국 자기의 개성대로, 색깔대로 이 삶을 건강하게 잘 살다 가는 것이다. 자신의 인생을 멋지게 꾸미고, 조각하고 갈 수 있다면 금상첨화일 것이다. 그런데 그것을 어떻게 해야 될지도 모르고, 생각 속에서만 계속 뭔가를 해보겠다고 하니 얼마나 지치겠는가? 돈은 돈대로 들고, 시간은 시간대로 허비되며, 몸은 몸대로 탈이 난다.

이 단원에서는 삶의 원동력인 의향을 어떻게 뚜렷이 하며, 의지는 언제 발휘되어야 하는지 살펴본다. 또한 우리의 상처를 치유하는데 도움이 되는 존중의 예와 기꺼이 받아들이는 예는 무엇이고, 삶에서 큰 장애물인 죄책감에서는 어떻게 자유로워질 수 있는지 알아본다.

인생은
무질서하게
흘러가지 않는다

삶에서 정말 중요한 것은 확고한 방향성이다.

우리가 원하는 바를 이루려면 의향을 활용할 수 있어야 된다. 의향은 우리의 계획과 구상이 실행에 옮겨지도록 하고, 우리에게 행동할 수 있는 힘을 제공하며, 실제로 그 일이 현실화되게 한다. 이러한 의향이 가진 힘은 어디에서 오는 것인가? 가슴에서 온다. 보다 정확하게는 의식에서 온다.

의식은 '어떤 것을 알아채는 힘'이다.

우리 삶의 바탕에는 늘 의식이 있다. 가슴의 지각하고 느끼는 기능도 의식이 있기에 가능한 것이다. 가슴이 가장 확장된 상태가 바로 의식 자체이다. 즉, 의향이 발생되는 원천은 생각과는 전혀 다르다. 생각은 머릿속에서 생겨나는 반면 의향은 가슴에서 발현된다. 내가 나의 자리에 있을 때 의향이 빛을 발한다.

의향과 생각이 구별되면 어떤 것을 현실화하기가 훨씬 수월해진다. 가슴에서 내가 원하는 것에 대한 확고한 의향을 가지면, 그것이 실제로 이루어지는 방향으로 에너지가 흐른다. 물론 모든 사람들이 이런 인식적 통찰에 기반해서 의향을 갖는 것은 아니다. 이런 통찰이 없어도 어떤 사람들은 분명한 의향을 갖고서 행동한다. 그들의 '되게 하는 그 힘'은 인간적인 관점에서 놀라울 정도다. 그들이 그렇게 행동할 수 있게 하는 힘이 의식이다. 그들은 자신도 모르게 인식의 초점이 의식에 맞춰진 상태, 다시 말해 의향이 몸에 밴 경우라고 할 수 있다. 우리가 의식적으로 의향을 활용할 수 있으려면, 의향이 무엇인지 알아야 한다. 의향은 무엇인가?

의향은 삶에서,
내가 가슴에서 바라보는, 내가 가고자 하는 길이다.

위의 의향에 대한 정의를 가슴에서 가만히 느껴 보라. 어떤 것이 다가오는가? 의향이 내가 걸어가야 할 인생의 어떤 방향성을 묵묵히 가리키고 있다. 그것이 우리를 숙연하게 한다. 의향은 당신을 초라하게 만들지 않는다. 당신이 이런저런 생각을 앞세워 인생길을 걸어가게 하지도 않는다. 당신의 의향이 서면, 생각은 그에 맞춰 따라오게 되어 있다. 의향과 생각의 차이를 확연히 느낄 수 있다. 의향은 생각으로 표현되기는 하지만 생각이 아니다. 당신의 존재 저 깊은 곳에서 울리는 의식의 소리가 의향으로서 발현되는 것이다.

이 세상의 모든 것들은 우연히 존재하지는 않는다. 각각 전체와의 관계를 통해서 어떤 현상과 사건으로서 존재한다. 그것이 인간적인 관점에서 불합리하게 여겨질 수도 있고, 불행하게 느껴질 수도 있다. 각자 그 상황들을 어떻게 녹여내고 돌파하느냐가 관건이다. 의향은 그 과정에서 우리에게 힘을 실어 주기 위해 존재한다. 내가 불편하게 여기는 것들을 극복하려고 노력하는 모습으로, 내가 원하는 것들을 그때그때 성취해 나가는 모습으로 의향이 발현된다. 이러한 힘이 쌓이고 또 쌓여서 그 사람만의 뚜렷한 의향을 형성한다. 우리의 인생이 어떤 방향으로 나아갈 수 있는 것도 그 바탕에 의향이 있기에 가능한 것이다.

의향은 늘 실재와 존재에 기반해 있다. 의향 자체가 실재하는 힘으로서 있기 때문이다. 우리가 이 세상의 모든 있음에 "예" 할 때, 그리고 자신의 존재에 감사함을 가질 때, 의향은 뚜렷해질 수밖에 없다. '내가 적어도 이것 하나는 하겠다.' 혹은 '최소한 이것 하나만큼은 하지 않겠다.' 등의 자세를 가질 때도 의향은 뚜렷해진다. 사람들이 얼핏 생각하는 것처럼 인생은 무질서하게 흘러가지 않는다. 우리가 생각 속에 갇혀 있기에 인생이 안개에 싸여 있는 것처럼 비춰지거나, 세상이 혼란스럽게 여겨질 뿐이다. 확고한 의향은 내 생각의 초점을 바로잡아 주고, 우리가 어떤 상황에 놓여있든 그 상황을 돌파하게 한다.

의지는 언제 발현되어야 하는가

의지는 의향이 이루어지도록 하는 실질적인 힘이다.

우리가 기다려야 할 때 기다리지 못하고, 멈춰야 할 때 멈추지 못하며, 나아가고자 할 때 나아가지 못한다면, 생각이 우리를 지배하고 있다는 뜻이다. 왜 그런 상황이 나타났는지 이유를 분석하는 것은 별 의미가 없다. 자신이 생각에 지배당했다는 것은 뻔한 사실이고, 그 이유를 분석한다고 해서 결과가 달라질 것도 없다. 내가 생각에 지배당하는 상황은 또다시 나타날 수밖에 없기 때문이다. 그만큼 생각의 굴레에서 벗어나는 것은 만만치가 않다. 생각에는 중독성이 있다는 것도 이런 부분을 두고 얘기한다. 그러나 우리의 대부분의 고민들은 생각이 그럴듯하게 생각놀이를 하고 있는 것이다. 생각의 활동을 허용하지 않으면 그런 문제들을 간단히 해결할 수 있다.

사람들은 감정적으로 큰 상처를 받거나 재산상으로 큰 손실을 본 경우에 그와 관련된 생각과 감정 속에 푹 빠져버린다. 자신이 그런 상태에 있다는 것을 알면서도 자기 스스로 그 상황을 탁 털어내지는 못한다. 그런 상황에서 대다수의 사람들은 생각의 활동을 허용한다. 하지만 그것은 굴복이다. 생각의 주인이 생각에 머리를 숙이는 격이다. 의지는 바로 그때 발현되어야 한다. 아무 때나 의지를 사용할 필요는 없다. '내가 이러고 있구나.'라는 것을 알아차리는 순간, 바로 그때가 의지를 발휘해야 할 때다. 이러한 상황에서 우리에게 힘을 실어주는 것이 다음의 문장이다.

나는 지금 이 상황을 돌파할 의지를 갖습니까?

내가 유사한 상황을 자꾸만 반복하거나 힘든 상황을 겪는다면, 위의 문장을 크게 소리 내어 한번 말해 본다. 나의 상황이 별문제가 되지 않는다는 것이 느껴진다. 그저 내가 일어서거나 그 상황을 맞닥뜨리기만 하면 된다는 것이 다가온다. 곧바로 내가 행동하게 된다. 이와 같이 이루어지는 행동들은 그 결과도 좋다. 일상에서 그 효과를 실감할 수 있을 것이다.

사람들은 어려운 상황을 만났을 때, 그에 따른 생각과 감정 속에 계속 머물러 있는다. 게다가 습관적으로 그러한 상황을 반복한다. 그런데 그것을 원하는 사람은 바로 자기 자신이다. 또 그렇게 하겠다고 하는 것도 자신이다. 반면에 '아, 내가 지금 일어서야지.'라고 말하는 것도 바로 자신이다. 우리가 생각에 넘어가거나 일어서려는 것은 찰나인데, 그 둘은 엄청나게 다른 결과를 가져온다.

의향이 뚜렷하면 대개 의지도 강하게 발현된다. 그러나 기존의 생각 습성으로 인해 나름 의향이 뚜렷할지라도 그 의향을 실행시킬 의지가 약한 사람들도 있다. 그러면 자신이 원하는 바, 하고자 하는 일을 이루기가 힘들다. 많은 사람들이 자신의 능력에 비해 결실을 제대로 맺지 못하는 이유도 그것에 있다. 의지는 인생의 결실을 맺게 하는 힘이다. 즉, 의향이 이루어지도록 하는 실질적인 힘이다. 그 의지는 나에게서 온다.

심장에 초점을 맞추고 나의 의지를 확고하게 다지는 연습을 하면 의지가 단단해진다. 위의 문장에 이어서 "나는 무한한 가능성 자체입니다. 나는 변화해도 됩니다." 혹은 "나는 생각을 존중하되, 그것의 활동을 허용하지 않겠습니다."라고 말하면 보다 효과적이다.

문제 자체를 존중하면 문제해결이 쉬워진다

나에게 일어난 힘든 일을 나쁜 일이라고 여기지 않는다.

사람들은 '문제가 있다.'는 말을 자주 한다. 자신의 문제가 무엇인지 알고, 그것을 해결하기 위해 문제가 있다고 인식하는 것은 그 문제해결에 큰 도움이 된다. 나의 현재 상태를 알고 내가 나아가야 할 방향성이 뚜렷해지기 때문이다. 그러나 막연히 어떤 일이 '잘못됐다. 나쁘다.'는 의미에서 문제가 있다고 애기하는 것은 자칫 우리를 '문제'라는 가상공간 속에 갇히게 할 수 있다. 나에게 일어난 일을 그렇게 인식하는 순간,

우리는 그것이 잘못됐고 나쁘다는 가상공간상에서 그 일을 대하게 된다. 그러면 나의 오해나 불신 등 여러 가지 불필요한 제약들이 가해져 그 일은 비효율적으로 처리될 가능성이 높다. 내가 처한 상황을 객관적으로 바라보기도 힘들고, 감정에 빠져들기도 쉽다.

그럼에도 의외로 많은 사람들이 그 감정의 공간에서 벗어나지 않으려고 한다. 문제가 해결되기를 원하면서도 한편으로는 그 가상공간 속에 머물러 있으려고 한다. 이런 모순적인 모습은 대개 우리에게 형성된 사고습성이나 생각체계에 기인한다. 우리가 그 생각들을 일일이 알아채기는 힘들다. 이런 상황을 슬기롭게 극복할 수 있는 방법이 문제 자체를 존중하는 것이다.

문제를 존중한다는 것은 첫째, 나에게 일어난 일을 그 현상, 그 사실로서 그대로 받아들이는 것이다. 일단 “예”다. 그 일은 그러할 수밖에 없다는 그대로의 동의 혹은 받아들임이다. 그러할 때 그 일을 제대로 바라보게 된다. 둘째, 그것을 ‘나쁜 일’이라고 여기지 않는다. 어떤 일을 나쁘다고 여기면, 우리는 자동적으로 그 일을 부정하거나 배척한다. 문제의 해

결과는 거리가 멀어진다. 셋째, 나에게 도피하려는 마음이 있는지 살펴본다. 우리는 힘든 일이나 안 좋은 일이 발생했을 때 습관적으로 그것에서 도망치려고 한다. 위험회피 본능 때문에 그렇다. 그러나 언제든 문제의 해결은 우리가 그것을 대면해야 가능하다. 문제를 존중하는 세 가지 태도를 요약하면 다음과 같다.

문제를 효과적으로 해결하기 위한 세 가지 태도

첫째, 일단 "예" 한다.
둘째, 그것을 나쁜 일이라고 여기지 않는다.
셋째, 나에게 도피하려는 마음이 있는지 살펴본다.

위의 세 가지 태도가 몸에 배면 우리는 점점 자기 자신으로서 존재한다. 지금 나의 문제는 내가 돌파할 수밖에 없다는 것도 안다. 그에 대한 의지가 저절로 발현된다. 나는 어떠한 상황이든 그것을 돌파한다.

존중의 예와
기꺼이 받아들이는 예

내 인생의 상처에 스스로 약을 발라줄 수 있어야 한다.

누구나 크고 작은 인생의 상처를 갖고 있다. 그 상처가 잘 아물고 평온하고 행복한 삶을 누렸으면 하는 것은 거의 모든 이의 소박한 바람이다. 그러나 그것이 쉽지가 않다. 나에게 어떤 상처가 얼마큼 영향을 미치고 있는지 알기 힘든 경우가 많다. 또 내가 상처에서 낫고 싶다고 말은 하지만, 정작 내면에선 그 상처가 낫지 않기를 바라는 경우도 많다. 그만큼 자신에게 억울하고 분한 일이 있거나, 자신이 죄책감에 사로잡혀 있다는 것이다. 그래서 많은 사람들이 자신의 상처를 잘 놓아 주지 않는다. 오히려 그 상처를 더 키우기도 한다. 결국 평온하고 행복한 삶이라는 것은 사람들의 마음속에서 그리움의 공간이 되고 만다.

우리에게 어떤 마음의 상처가 있든 그것이 잘 아물고, 우리가 평온한 삶을 누릴 수는 없을까? 존중의 예와 기꺼이 받아들이는 예를 배우면 도움이 된다. 우리의 상처가 잘 낫지 않는 이유는 우리가 생각이 만든 상에 사로잡혀 있기 때문이다. 주로 과거의 일이나 사건, 그와 관련된 사람, 미래의 막연한 바람 등에 생각이 가 있다. 그럼으로써 제외되는 것은 무엇일까? 바로 지금 나의 상처와 내가 느끼고 있는 아픔이다. 그것은 사실 외부의 사람이나 사건과는 상관이 없다. 예컨대 자전거를 타다가 넘어져서 무릎을 다쳤다고 하자. 무릎에서 피가 난다. 많이 아프다. 여기서의 문제는 무엇일까? 무릎의 상처와 내가 느끼는 아픔이다.

무릎의 상처와 아픔을 놔두고 과거의 일이나 사건, 다른 사람, 막연한 기대로 간다는 것은 문제의 해결과는 관계가 없다. 오히려 무릎의 상처를 더 키우거나 방치하는 게 된다. 이와 같은 일들이 우리 삶에서는 참으로 흔하게 나타난다. 나의 상처가 제대로 해소되지 못할 경우, 그와 유사한 일은 다시 되풀이되기 마련이다. 내가 정말 낫기를 원한다면, 내 무릎의 상처에 약을 발라주고, "호~" 해 주면 그 아픔이 금방 가시는 것처럼, 내 마음의 상처에도 약을 발라주고 스스로 "호~" 해 줄 수 있어야 한다. 그 방법이 바로 "예"다. "예, 많이 아픕니다."라는 의미다.

어떤 사건으로 인해 내가 초라함, 위축, 분노, 좌절, 상실감 등을 겪고 있다면, 그것은 내 마음에 상처가 나서 피가 흐르고 있는 것과 같다. 그 상처와 아픔을 대면하고, 스스로 약을 발라줄 수 있어야 한다. 때로는 그 고통과 아픔 앞에 서서 처절하게 울어도 된다. 충분히 아파하고 눈물 흘린다. 그런 나의 모습에 "예" 한다. 억울해 하거나 분노하는 모습이 있다면, 어떤 것을 인정하지 못하고 존중하지 못하는 내 모습이 있다면, 나아가서 지금의 상황을 제대로 받아들이지 못하고 있는 내가 있다면, 그런 나의 모습에도 그대로 "예" 한다. 오직 나만이 할 수 있는 일이다. 이것이 나의 상처와 아픔에 대한 존중의 예다.

기꺼이 받아들이는 예도 있다. 우리가 살아가다 보면 싸울 일도 있고 넘어지기도 하며 어떤 일을 감내해야 되는 경우도 많다. 그런 상황이 온다면 기꺼이 싸우고, 기꺼이 넘어지며, 기꺼이 그 결과를 감수하겠다는 태도를 지금 갖는다. 역시 "예"다. "예, 나는 기꺼이 그 결과를 받아들이겠습니다. 그 수모를 기꺼이 감수하겠습니다."라는 태도다. 이러한 태도가 우리의 마음을 정화시켜 주고, 오히려 위험한 상황에 덜 노출시킨다. 기꺼이 받아들이는 예는 주로 앞으로 다가올지도 모를 일에 대한 나의 자세를 바로잡는 데 쓰인다. 우리가 인간으로 살아가는 이상 무슨 일이 일어날지 모르고, 생각이 만든 상이 언제든 우리를 위험에 빠뜨릴 수도 있다. 그런 상황이 온다면 다시금 나 자신으로 돌아오기 위해, 내가 나로서 존재하기 위해 기꺼이 받아들이는 예가 쓰인다.

존중의 예와 기꺼이 받아들이는 예는 나 자신한테 표하는 예禮이기도 하고, 이 세상의 모든 있음에 표하는 예禮이기도 하다. 우리는 살아가면서 단순히 마음의 상처만 받는 것은 아니다. 은연중 자신의 존재를 부정한다. 그것이 켜켜이 쌓이면 삶의 의욕이 떨어지고, 몸은 점점 병동이 되어간다. 우리의 정신은 그냥 하루라도 빨리 죽고 싶은 상태가 된다. 이러한 모습을 현대의학이나 대체의학으로 고친다는 것은 사실상 불가능에 가깝다. 생각의 오류에 의한 병, 나 자신의 부재에서 비롯되는 현상들이기 때문이다. 오로지 내 고장 난 생각을 고쳐 내가 나로서 존재하고 이 세상을 존중하는 것으로만 근본적인 치유가 가능하다. 그것이 가장 효율적이고 무엇보다 나의 존엄이 바로 선다.

죄책감에서 어떻게 자유로워질 수 있는가

나의 상처를 온전히 존중하고 받아들이면,
죄책감은 효율적으로 해소된다.

인간은 죄책감 그 자체라고도 할 수 있다. 아주 어렸을 때는 그렇지 않지만 자라나면서 하나 둘 마음에 상처가 쌓이고, 인식에 교란이 생기면서, 이런저런 죄책감이 너무도 많이 쌓인다. 그것이 인간에게 얼마나 깊은 한계를 드리우는지 사람들은 잘 알지 못한다. 사람들이 '자유롭고 싶어요.'라고 말하는 것도 무리는 아니다. 그런데 자신이 원하는 자유가 무엇을 의미하는지, 또 자신이 자유로워지기 위해서 어떤 방향으로 가야 할지는 그렇게 말하는 본인도 잘 모른다. 그냥 막연히 어떤 상황에서 벗어나고 싶다는 의미에서 자유라는 말을 사용한다.

사람들이 말하는 자유는 결국 생각의 한계에서 자유로워지는 것을 의미한다. 생각과 자신을 동일시하는 것에서 거의 대부분의 문제가 파생되기 때문이다. 그중에 가장 큰 부분을 차지하는 것이 바로 죄책감이다. 죄책감은 자신을 스스로 벌주고 싶어 하는 마음이다. 자신에게 일어난 일을 없었던 일로 하고 싶은 마음, 그 일에서 도망치고 싶은 마음, 자신과 분리되고 싶은 욕구가 복합적으로 맞물려 있다. 자신의 존재를 은연중 부정한다. 이런 죄책감이 사람들의 무의식 깊이 똬리를 틀고 인생 전반에 커다란 영향을 미친다. 자신이 별 이유 없이 우울해지는 현상, 어이없는 실수나 실패를 자꾸 반복하는 현상, 원인을 알기 힘든 질병이나 몸의 불편은 상당 부분이 죄책감이 변모된 모습이라고 할 수 있다.

죄책감에서 자유로워지려면 어떻게 해야 할까? 먼저 죄책감의 이면을 잘 보아야 한다. 죄책감은 나한테 깊은 마음의 상처가 있다는 뜻이다. 또 그것이 너무나 아프다는 것이다. 그 상처를 내가 온전히 존중하고 받아들일 수 있다면, 죄책감은 효율적으로 가실 수 있다. 여기서 그에 대한 연습을 한번 해 보려고 한다. 여러분들도 잠시 명상을 같이 하실 수 있다면 감사하겠다.

나에게 원인을 알기 힘든 우울, 불안, 분노, 갑갑함 등이 자주 올라온다면, 죄책감이 있다는 것을 인지한다. 그 감정을 가슴에 내려놓고 그것에 "예" 한다. 그리고 잠시 기다린다. 그 감정들은 사실 내가 인생을 살아오면서 겪은 마음의 상처의 다른 모습들이기도 하다. 그동안의 이런저런 사건과 상처들이 맞물려서 그러한 감정으로 나타난 것이다. 지금도 내 마음속에서는 피가 흐르고 있는 상처들이 한둘이 아니다. 그 상처에 말없이 "예" 한다. "예, 많이 아픕니다."라고 말해 준다. 사실 그것은 나와 하나로 있는 사랑들이기도 하다. 비록 내가 많이 아팠지만 그 상처들이 없었다면 지금의 나도 없다. 또한 나의 모습도 이와 똑같이 존재할 수 없다. 그 상처와 아픔들이 나한테 있어도 된다고 말해 준다.

이제 내가 그것보다 더 작아지는 상상을 한다. 가슴에서 이와 같은 의향을 갖고 가만히 기다리면, 내가 그 상처나 아픔보다 더 작아지는 것이 이미지로 느껴진다. 내가 그것보다 더 작아져서 그 아래에 머물고 있는 모습을 떠올려도 된다. 또 다른 상처나 아픔이 올라온다면, 역시 그것에 "예" 한다. 그리고 그것보다 더 작아진다. 이와 같이 나에게 떠오르는 생각이나 감정에 대해 그때그때 "예" 하면, 내가 점점 고요해진다. 마음속에서 '이제 됐구나!'라는 생각이 올라올 수도 있다. 죄책감이 많이 해소되어 있는 나를 느낄 수 있다.

우리는 자신의 상처나 아픔을 잘 대면하지 못한다. 오히려 그것들에서 자꾸 도망치려고 한다. 그것이 문제를 더 키우거나 지속시키는 요인이 된다. 나에게 어떤 상처가 떠오른다면, 그것에 "예" 한다. 그리고 내가 붙잡고 있었던 생각을 내려놓거나, 다른 사람의 일에서 물러나는 상상을 한다. 지금의 상황을 보다 적극적으로 넘어서고 싶다면, 죄책감 속에 갇혀 있는 나를 바라보고, 그것을 극복한 나의 모습을 비교해 본다. 그리고 그 두 모습에 있어서 주변 사람의 시선이 어떻게 변하는지도 가슴속에서 느껴 본다. 그 차이를 스스로 지각할 때, 그동안 나를 짓눌렀던 관념이나 도그마가 변화되는 계기가 마련된다.

사람들은 본의 아니게 다른 사람들에게 상처를 주었을 경우, 보통 넋두리를 하거나 그 일을 덮어 두려고 한다. 그만큼 자신이 부끄럽거나 상대방에게 미안하기 때문이다. 지금에라도 자신의 어떤 상처가 떠오른다면, 그것에 "예" 한다. 또 상대방의 상처나 모습이 자꾸 떠오른다면, 그것에도 "예, 미안합니다. 나도 많이 아픕니다. 나도 당신과 같은 사람입니다."라고 마음속으로나마 말해 준다. 우리가 자신의 상처와 아픔을 온전히 존중하고 받아들인다면, 그것은 그렇게 문제가 되지 않는다. 나아가서 상대방의 상처나 아픔도 존중한다면, 우리는 어느덧 죄책감에서 자유로워져 마음에 새살이 돋는다.

한편의 시

내가 스스로 서는 길

이 길은 홀로 가는 길.
이 길에서 우리는
각자의 사랑을 꽃피우리라.

그동안 우리는 생각에 갇힌 삶을 살아왔다.
그 한계 속에서,
우리 모두는 그렇게 살아올 수밖에 없었으리라.

그 애달프고 아쉬움이 가득한 길.
생각은 늘 저만치 앞서갔고,
우리는 기대에 부풀어 쫓아가기 일쑤였지.
그 하릴없고 속절없는 삶.

이제야 와서 보건대,
그 되지 않을 일들

그 이루어질 수 없는 일들….
하지만 그러한 길을 걸은 것 자체가 감사이리라.

비록 생각에 갇혀 많이도 헤맸고
많이도 눈물 흘렸지만,
우리는 이 길에서
아주 깊은 사랑을 보리라.

얼마나 감사한가!
살아생전에 내가 누구인지 알게 된다는 것이,
모든 것이 나와 함께 있다는 것이.

나는 가장 작은 자리, 나의 자리에서
인생의 중심으로서 있으리라.
영원히 변치 않는 자리에서
나 자신으로서 존재하리라.

7부

몸이 있기에
우리는
이곳에 존재한다

몸은 무엇인가? 몸은 앵커anchor다. 우리를 이곳에 있게 하는 닻으로서의 역할을 한다. 만일 바다를 항해하는 배에 닻이 없다면 어떻게 되겠는가? 그 배는 표류하거나 좌초되고 말 것이다. 마찬가지로 우리가 무한이라는 그 깊이와 한계를 다 알 수 없는 생명의 바다를 항해하는 데 있어서 몸이 없다면, 우리는 지금과 같은 삶을 살지도, 자신만의 고유한 색깔과 향기도 발산하지 못할 것이다. 몸은 '사람들이 나를 나로서 인지하게 하는 물리적인 힘'이기도 하다. 몸이 있기에 우리는 지금과 같은 모습을 지닐 수 있고, 세상과의 관계를 맺을 수 있으며, 우리가 여기에 존재한다는 것도 알 수 있다.

사람들은 몸이라고 하면 보통 육체만을 생각한다. 어떤 사람들은 몸을 영혼을 담는 그릇, 갑옷, 인간이 활동할 수 있는 수단 등으로 묘사하기도 한다. 그렇게 말하는 사람들의 머릿속에서는 그들의 얘기가 맞다. 그러나 본질적인 차원에서는 그런 얘기가 모두 제한된 상들이다. 사람들이 보이는 몸의 형상만을 몸의 전부라고 인식해서 나온 말들이다. 몸은 육체도 있지만 우리의 눈에 보이지 않는 에너지 몸도 있다. 이것을 동시에 인식하지 않으면 몸을 제대로 이해한다고 보기 힘들다. 예컨대 자석에 자기장이 있다는 것을 알지 못하면 자석의 속성을 활용하기 힘들고, QR코드나 바코드의 흑백을 동시에 인식하지 않으면 그것에 담긴 정보를 알 수 없는 것과 같다.

육체는 사람들이 직접 사용하기에 육체가 있다는 것을 알지만, 에너지 몸은 눈에 보이지 않기에 그것의 존재를 잊기 쉽다. 그러나 육체와 에너지 몸은 서로 분리될 수 있는 게 아니다. 그것은 늘 하나로 있다. 육체를 원자핵에 비유할 때, 에너지 몸은 원자핵을 에워싼 원자의 공간과 같고, 자석에 비유할 때, 자석의 자기장과 같다. 원자의 공간이 없다면 원자핵은 존재할 수 없고, 자석에 자기장이 없다면 그것은 자석일 수 없다. 마찬가지로 에너지 몸이 없다면 육체는 존재할 수 없고, 우리도 여기에 있을 수 없다.

드물게 어떤 사람들은 육체를 에워싼 빛의 구름인 아우라aura를 보기도 한다. 그런데 에너지 몸은 그 아우라의 범위도 훨씬 넘어선다. 사람들이 텔레파시라고 말하는 것도 에너지 몸을 통한 정보의 지각현상이다. 우리가 인식적으로라도 에너지 몸이 있다는 것을 알면, 자연스럽게 육체와 에너지 몸을 통합적으로 보기 시작한다. 눈으로 에너지 몸을 볼 수는 없을지라도, 에너지 몸이 있다는 것을 앎으로써 인식에 변화가 온다. 육체를 자신과 동일시하는 생각의 오류에서 벗어나는 것도 수월해지고, 삶에도 중심이 잡힌다.

이 단원에서는 몸과의 관계에서 가장 중요한 것은 무엇이고 몸을 어떻게 활성화할 수 있는지 알아본다. 자연스러운 호흡의 기초, 에우아이 소리치유법에 대해서 배우고, 에너지 몸의 역할은 무엇인지 살펴본다.

나에게
몸이 있다는 것이
얼마나 감사한가

몸을 지각하고 느낄 때,
우리는 이곳에 존재한다는 것을 안다.

우리가 몸과의 관계에서 알아야 할 가장 중요한 것은 무엇일까? 그것은 '몸이 있음에 감사하는 것'이다. 사람들은 이 말이 시시하고 별로 새롭지 않은 얘기라고 생각할 수도 있다. 그러나 이것이 몸을 활성화하는 가장 실질적인 방법이다. 몸은 굉장히 솔직한 유기체다. 몸에 대한 우리의 조그마한 태도에도 즉각적인 영향을 받는다. 우리가 몸이 있다는 것을 알지 못할 때, 몸을 수단화하거나 껍데기 등으로 업신여길 때, 몸은 소위 건강하지 않은 방향으로 변화될 수밖에 없다. 게다가 우리가 몸 없이 어떻게 삶을 영위할 수 있겠는가? 몸이 있음에 감사하는 것이야말로 우리가 몸에 대해 지닐 수 있는 기본 태도인 동시에 몸에 대한 예禮다.

몸이 있음에 감사하는 것 못지않게 중요한 것은 둘째, 몸을 지각하고 느끼는 것이다. 몸을 지각하고 느낄 때 우리가 여기에 존재한다는 것도 알고, 몸이 있음에 감사함도 커진다. 몸을 지각한다고 할 때, 여기서는 일단 육체만을 의미한다. 육체의 감각은 즉각적이고 직접적이어서 우리가 조금만 주의를 기울여도 몸을 지각하는 것이 쉽다. 몸을 지각하는 것이 처음에는 서툴고 낯설 수 있다. 몸을 지각해 본 적이 별로 없었을 것이기 때문이다. 그러나 몸을 지각하고 느낄 때, 삶에 집중력도 생기고 몸도 건강해진다. 생각의 오류를 고칠 수 있는 힘도 길러진다. 생각의 오류는 그것을 가슴에서 지각하고 느끼며 알아차리는 과정을 통해서 고쳐진다.

몸 지각 훈련은 스스로 얼마든지 해 볼 수 있다. 기본이 되는 연습은 생각을 가슴에 내려놓는 것이다. 지금 연습을 같이 해 보자. 자, 가슴에 생각을 내려놓는다. 그리고 잠시 기다린다. 그러면 내가 저절로 평온해진다. 그것이 지각되었다면 2~3분 정도 더 기다린다. 그러면 복부에서 편안히 숨을 쉬고 있는 것이 느껴질 것이다. 그 변화가 지각되었다면 조금 더 기다린다. 그러면 배꼽에서 5㎝ 정도 하단에 있는 아랫배에서 숨을 쉬고 있는 것이 느껴질 수 있다. 숨이 훨씬 평온하고 깊어진 상태가 된다. 감사한 마음이 든다. 내가 나한테 집중하는 것은 기쁜 일이다. 이와 같이 가슴에 생각을 내려놓고 한동안 가만히 있는 것 자체가 훌륭한 명상법이자 몸 지각 훈련이다.

일상에서도 몸 지각 훈련을 할 수 있다. 이때 '있다' 연습을 활용하면 효과적이다. 예를 들어 양치질을 한다면, "이가 있다."고 말하고 양치질을 해 본다. 저절로 입안 구석구석을 지각하면서 양치질을 잘하게 될 것이다. 세수를 한다면, "얼굴이 있다."고 말하고 씻어 본다. 얼굴의 이곳저곳을 저절로 지각하고 느끼면서 세수를 잘하게 된다. 기분도 상쾌해지고, 다음에 또 그렇게 세수하게 될 것이다. 발을 씻을 때는 발에 핏줄이니 발가락 등이 있다는 것을 알고 씻어 본다. 발가락 하나하나를 지각하면서 정성껏 씻게 된다. 스트레칭을 한다면,

몸의 각 부위와 장기들이 있다는 것을 알고 스트레칭을 해 본다. 온몸의 근육들을 저절로 지각하고 느끼면서 골고루 비틀고 풀어 주게 된다.

산책할 때 '있다' 연습을 활용하면 상당히 효과적이다. 저자는 이것을 '걸음명상'이라고 말한다. 예를 들어 길을 걷는다면, "땅이 있다. 내가 땅과 함께 있다."고 말해 본다. 땅이 나를 든든하게 받쳐 주고 있다는 느낌이 새롭고 땅이 있음이 감사하다. 이어서 "나무가 있다. 내가 나무와 함께 있다." "공기가 있다. 내가 공기와 함께 있다." "햇살이 있다. 내가 햇살과 함께 있다."고도 소리 내어 말하면서 걸어 본다. 나의 존재가 뚜렷해지고 주변 대상물과의 관계도 저절로 깊어진다. 그 대상을 집, 자동차, 돈, 사람들, 꽃, 구름, 달, 별, 지구, 우주 등으로 확장하면서 걸어 본다. 가슴이 트이고 기분이 상쾌해진다. 내가 살아 있다는 게 이런 거구나라는 생각에 잠시 울컥해질 수도 있다.

어떤 날은 언어침술 문장을 떠오르는 대로 발성하면서 걷는다. 또 어떤 날은 뒤에서 언급하게 될 에우아이 소리를 발성하면서 걸어도 본다. 몸이 원하는 대로 발성하게 하면, 몸이 스스로 에우아이 소리에 나름의 선율을 얹어서 발성하거나, 몸의 허약한 부위에 보다 집중하는 것을 경험할 수 있다. 위축됐던 몸과 마음이 상당히 효율적으로 풀린다. 이와 같은 연습들을 통해서 삶에 활력이 생기고, 우리의 알아차리고 지각하는 능력도 저절로 배양된다. 나에게 몸이 있음이, 내가 몸을 통해서 이 세상과 하나로 울리고 있음이 더욱 감사하게 다가온다.

자연스러운 호흡의 기초

몸을 축 늘어뜨린 채 가만히 있으면
몸이 자연스럽게 호흡한다.

'호흡법'이라는 명칭이 붙은 이런저런 프로그램이나 방법들이 있다. 그 방법들을 통해서 호흡에 도움을 얻거나 몸이 건강해지기도 한다. 그러나 우리가 자기 자신으로서 있는 것이 점점 쉬어지고 가능해지면, 호흡은 그에 따라 바뀐다. 어떤 호흡법이 좋다고 하여 그것에 천착하면 나중에 역작용으로 오히려 고생할 수도 있다. 실제로 사람들에게 잘 알려진 호흡법이지만 그 호흡법으로 인해 고생하는 사람들을 이따금 본다. 그 호흡법이 자신의 몸에 너무도 깊이 배어 자연스러운 호흡을 방해하는 것이다. 어떤 호흡법을 몸을 활성화하는데 활용할 수 있지만, 그것은 내가 몸과 마음을 추스르는 과정에서 잠시 머물다 가는 곳 정도로 생각하는 것이 좋다.

그럼, 언제든 무리가 없는 호흡법은 없을까? 그것은 차라리 특정 호흡법을 따로 하려고 애쓰기보다는 몸을 축 늘어뜨린 채 가만히 있는 것이다. 마음이 복잡하거나 머리가 무거울 때, 그냥 온몸을 축 늘어뜨린 채 가만히 있어 보라. 아무 생각 없이 멍하니 허공을 한 3분 정도 바라보고 있는 것이다. 그러면 어느새 숨도 깊어져 있고, 따로 복식호흡을 하려고 했던 것도 아닌데 이미 복식호흡도 하고 있을 것이다. 그것이 지각되었다면 몸을 한 번 더 축 늘어뜨려 본다. 몸이 훨씬 이완되는 것을 느낄 수 있다.

잠을 자려고 누웠을 때도 이 연습을 활용할 수 있다. 잠자리에 누웠을 때 몸을 완전히 축 늘어뜨려 보라. '내가 이 정도로 몸이 긴장되어 있었나?'라고 새삼 놀란다. 이때도 온몸을 한 번 더 완전히 축 늘어뜨려 본다. 평안하게 잠이 잘 올 것이다. 불면증에 시달리는 분들은 이 연습이 큰 도움이 된다.

저자의 내담자 중에 백혈병 환자가 있었다. 그분한테 온몸을 축 늘어뜨린 채 가만히 있는 법을 알려드렸다. 며칠 뒤 연락이 왔다. 그동안 잠을 제대로 못 잤는데, 이 연습 덕분에 오랜만에 잠을 잘 잤다는 것이었다. 감사하다는 말을 했다. 사업실패로 실의에 빠진 분한테도 몸을 축 늘어뜨린 채 멍하니 계셔 보라고 했다. 그분에게도 이 연습 덕분에 금방 힘을 되찾았다는 말을 나중에 들었다. 몸은 어떻게 숨을 쉬어야 하는지 우리보다 더 잘 안다. 우리가 생각을 온전히 내려놓는 것만으로도 몸은 자신이 알아서 호흡하기 시작한다. 내가 몸이 있음에 감사할 때, 숨은 더 깊고 부드러워진다.

우리에게 호흡법보다 중요한 것은 생각에 대한 인식이다. 내가 생각에 대해서 얼마나 잘 알고 있고, 내 머릿속에서 어떤 생각이 오가는지 스스로 볼 수 있느냐가 건강한 삶과 호흡에 도움이 된다. 나의 왜곡된 생각 하나만으로도 몸은 바로 영향을 받는다. 각자 몸에 대한 인식이 얼마나 왜곡되어 있는지 돌아보고, 그 인식을 바로잡는 것이 어떤 호흡법을 배우는 것보다 우선이다.

에우아이
소리치유법

몸통의 울림을 활용해서

생각으로 경직된 몸을 효율적으로 풀어 줄 수 있다.

몸은 공명하는 방식으로 생명활동이 이루어진다. 그런데 생각은 공명기능이 없다. 개념으로서 기계적인 속성을 지니고 있다. 생각이 많아질수록 몸의 공명능력은 떨어지고 몸은 경직된다. 그것이 삶과 몸에 각종 부조화를 가져온다. 우리가 생각을 안 하고 살아갈 수는 없겠지만, 가급적 가치판단을 조장하거나 생각의 활동을 자극하는 대상들은 피하는 게 좋다.

그리고 머리로 상기된 에너지를 그때그때 낮춰 주는 것이 중요하다. 이때 생각으로 경직된 몸의 에너지를 풀어 주고, 몸의 공명능력을 활성화하는데 도움을 주는 것이 '에우아이 소리치유법'이다.

몸은 주요 네 부위가 있다. 각각 아랫배, 복부, 가슴, 미간이다. 이 부위와 짝이 되는 소리는 '에, 우, 아, 이'다. 각각의 짝이 되는 소리를 육체의 주요 네 부위에 초점을 맞춰서 발성해 주면, 몸의 에너지 불균형이 효과적으로 해소된다. 인식의 초점이 몸의 주요 부위에 골고루 맞춰지게 됨으로써 몸의 에너지가 안정되고 몸의 공명능력도 활성화된다. 자연스럽게 삶의 중심이 나 자신한테 형성된다. 나는 실재와 존재에 기반해서 세상을 바라보게 된다.

몸의 에너지를 활성화하는 에우아이 소리치유법

① 아랫배에 초점을 맞추고, 낮은 음으로 "에~~~~~~~"
② 복부에 초점을 맞추고, 약간 낮은 음으로 "우~~~~~~~"
③ 가슴에 초점을 맞추고, 약간 높은 음으로 "아~~~~~~~"
④ 미간(송과체)에 초점을 맞추고, 높은 음으로 "이~~~~~~~"

자, 실습을 해 보자. 먼저 아랫배에 초점을 맞춘다. 그러면 아랫배에 에너지가 집중되는 게 느껴진다. 그것이 지각되었다면 아랫배와 짝이 되는 소리인 '에~'를 날숨과 함께 가능한 한 길게 뽑아 준다. 소리는 크게 하지 않아도 된다. 다만 소리를 가능한 한 길게 뽑아 주는 것이 중요하다. 그리고 잠시 기다린다. 숨이 저절로 코로 깊게 들이켜지고, 입에서 '후~' 하고 내쉬어지게 된다. 가능한 한 소리를 길게 뽑아 주었다면, 이러한 과정이 2~3차례 저절로 반복된다. 숨이 훨씬 깊어지고 안정된 상태가 된다.

이제는 복부에 초점을 맞춘다. 복부에 에너지가 집중되는 게 지각되면, 복부와 짝이 되는 소리인 '우~'를 가능한 한 길게 뽑아 준다. 그리고 잠시 기다린다. 역시 숨이 저절로 고르고 깊게 쉬어진다. 그동안 내가 숨을 참 얕게 쉬었다는 것이 새삼 느껴진다. 아랫배나 복부의 에너지가 그만큼 허약해졌다는 뜻이다. 이 연습을 자주 하면 아랫배나 복부에 힘이 생긴다. 위나 장이 안 좋으신 분들은 이 연습이 도움이 된다. 위와 장이 있다는 것을 알고서 연습한다. 발성하는 곳이 중심이 되어 그 소리가 온몸에 울린다고 상상하거나 육체 바깥의 에너지 몸도 함께 울린다고 상상하면 보다 효과적이다.

같은 방법으로 가슴과 미간에서도 각자 연습해 본다. 가슴과 미간에서 소리를 낼 때는 각각 그곳과 짝이 되는 소리인 '아~'는 약간 높은 음으로, '이~'는 높은 음으로 가능한 한 길게 발성해 준다. 가슴이 훨씬 확장되고 조화로운 상태가 되며, 머리도 시원하고 개운해진 느낌이 들 것이다. 미간에서 연습할 때는 머릿속 가운데에 있는 간뇌 혹은 송과체를 의식하면서 발성한다. 이 연습이 익숙해지면 순서와 상관없이 발성해도 되고, 소리도 자신에게 편한 음높이로 내면 된다. 몸이 불편한 부위에 더 집중해 주는 것도 좋다.

사람들이 많은 지하철이나 버스 안에서도 이 연습을 할 수 있다. 속으로 발성하면 된다. 요령은 앞서의 방법과 같다. 머리가 복잡하거나 몸이 무거울 때는 발성 없이 아랫배나 복부에 초점을 맞추고 가만히 있어도 된다. 머리로 상기된 에너지를 낮춰주는 데 효과적이다.

에너지 몸이 활성화되면 공명능력이 배가된다

에너지 몸은 모든 정보와 공명하고,
그것을 우리에게 전해 주는 매개체 역할을 한다.

우리는 그동안 에너지 몸은 잊고 살아왔다. 에너지 몸의 존재 자체를 몰라서 그랬을 수도 있고, 에너지 몸을 들어는 봤지만 별로 의식하지 않은 채 살아와서 그럴 수도 있다. 그러나 우리가 인식하든 못하든 에너지 몸은 늘 육체와 하나로 있다. 사람들의 이해를 돕기 위해 저자가 편의상 육체와 에너지 몸을 구분해서 얘기하고 있지만, 그것은 서로 분리될 수 있는 게 아니다. 본질적으로 보면 육체도 에너지 몸이라고 할 수 있다. 육체 역시 에너지로 이루어져 있기 때문이다. 몸의 입자가 물질화되어서 눈에 보이는 상태로 있느냐, 물질화되지 않았거나 사람들의 시각적인 한계에 의해서 눈에 보이지 않는 상태로 있느냐의 차이밖에 없다.

그런데 육체와 에너지 몸을 하나로 인식하는 게 왜 그토록 중요할까? 모든 물리적 현상은 물질적인 면뿐만 아니라 물질적이지 않은 면을 동시에 갖고 있다. 물질 자체도 마찬가지다. 모든 물질은 사람들의 눈에 보이지 않는 요소가 항상 그 물질과 하나로서 이루는 기능들이 있다. 우리의 육체도 눈에 보이지 않는 요소가 늘 육체와 하나로서 이루는 기능들이 있다. 그렇기에 우리가 지금처럼 숨을 쉬고 활동하며 살아갈 수 있는 것이다. 인식이 육체에만 머물 때, 에너지 몸은 사람들의 인식에서 배제되고, 에너지 몸의 기능과 역할은 제대로 발휘되지 못한다. 그렇게 되면 육체도 제 기능을 다 하지 못한다. 사람들이 원인을 알기 힘든 육체적 불편이나 질병을 겪는 이유들 중에 하나이다.

육체에는 신경과 핏줄이 그물망처럼 퍼져있다. 에너지 몸도 그와 비슷한 에너지 통로를 갖고 있다. 다만 에너지 몸의 통로는 육체의 신경이나 핏줄처럼 고정되어 있지는 않다. 우리가 북극과 남극 상공에서 볼 수 있는 오로라나 플라즈마 볼에 손을 댈 때마다 나타나는 번개 같은 불빛을 떠올리면 쉽게 이해할 수 있다. 지금 사람들에게 에너지 몸의 통로는 상당 부분 닫혀 있다. 이따금 에너지 몸의 통로가 조금 열린 사람의 경우에는 마치 초능력자라도 되는 것처럼 사람들에게 회자된다. 그만큼 에너지 몸의 통로가 사람들에게서 닫혀 있다는 뜻이다. 사람들이 몸을 육체에만 한정해 인식해서 그렇다.

그럼, 에너지 몸은 어떤 역할을 할까? 에너지 몸은 공명과 관련 있는 시스템이다. 육체는 물질화되었다는 특성 때문에 다른 대상들과 공명을 해도 한계가 있다. 어떤 대상과 실질적으로 공명하고, 에너지적 상호작용을 이루는 것은 에너지 몸이 한다. 그런데 에너지 몸이 있다는 것을 모르면, 에너지 몸의 기능은 활성화되기 힘들다. 에너지 몸이 갖고 있는 보호막으로서의 기능도, 지각하고 느끼는 역할도, 어떤 것을 감지하는 특성도 활용하기 힘들다. 당연히 사물과의 공명능력도 떨어진다. 에너지 몸의 소외로 인해 그 기능이 저하되면, 에너지 몸은 빽빽해지고 굳어진다. 육체의 특정 부위를 오랫동안 사용하지 않으면 그곳이 굳어지는 것과 같다.

육체로도 어떤 대상에 대한 정보를 어느 정도 알아차릴 수는 있지만, 에너지 몸에 비하면 그 앎은 극히 미미한 정도이다. 에너지 몸은 특성 자체가 모든 정보와 공명하고, 그것을 우리에게 전해 주는 매개체로서의 기능이 있다. 어떤 것을 알아채는 힘인 의식의 소리를 선명하게 해 주는 확성기 같은 역할을 한다. 에너지 몸이 활성화될 때, 의식의 소리 혹은 울림은 훨씬 배가된다. 그러면 우리에게는 그냥 아는 앎이 열린다. 이와 비슷한 상태를 우리는 이따금 노을의 풍광이나 대자연의 경치를 바라볼 때 경험한다. 그때 우리는 그 대상에 대해 분석하지 않는다. 그냥 "와!" 혹은 "아!" 하는 상태가 된다. 그 감탄과 경이로움이 그냥 아는 앎에서 올라오는 감정이다.

에너지 몸이 활성화될수록 우리는 더더욱 생각의 활동을 허용하지 않는다. 점점 그냥 아는 상태가 되는데 생각에 의존할 필요가 뭐가 있겠는가? 생각이 만든 상은 뒤로 물러나고, 순수한 생각이 남는다. 모든 것이 하나로 울린다는 것이 얼마나 복된 얘기인지 안다. 만일 햇살을 나와 분리시킨다면 어떻겠는가? 또 공기와 땅과 몸을 나와 분리시킨다면 어떻게 되겠는가? 우리의 인식이 확장될수록 우리는 나와 이 세상, 나와 다른 사람들을 분리하지 않는다. 이 세상과 다른 사람들이 완전하다는 것을 안다. 지금까지 나에게 일어난 모든 일을 존중하며, 나 역시 다른 사람들과 같은 사람으로서 이곳에 존재한다.

에피소드

몸은 사랑 그 자체입니다

나는 한때 생각의 활동이 잠시 멈춘 적이 있었다. 그때 나는 몸에 어떤 지성 같은 것이 있다는 것을 느꼈다. 몸은 내 주변의 모든 사람, 모든 것을 감지하는 듯했다. 너무도 순수해서 주변의 모든 것을 포용하고, 그것에 거스르지 않았다. 무엇보다 몸은 나의 의사를 정말로 존중했다. 내가 네모를 원하면 네모가 되려 했고, 내가 세모를 원하면 세모가 되려 한다는 것을 느꼈다. 그것이 가능하지 않을지라도, 몸은 그렇게 되려고 하는 것 같았다. 지금 내가 지닌 몸의 불균형도 그것을 내가 원했기에 몸이 그에 맞춰준 결과라는 것을 알았다. 얼핏 이해가 되지 않을 것이다. '아니, 내가 몸의 불균형을 원한다고? 그것이 나에게 고통과 괴로움을 안겨 주는데도?'

하지만 나는 보았다. 내 생각이 불균형을 촉발하고 있는 것을…. 나한테 일어나는 생각이기에 나는 그것이 내가 하는 생각, 나인 줄 알았다. 하지만 그것은 대단한 착각이었다. 생각은 나 자신이 아니라 과거의 산물 비슷한 거였다. 내가 원하는 대로 작동되는 지식, 관념, 기억 같은 것들이었다. 생각을 나라고 여기면 생각은 마치 나인 것처럼 활동했고, 그러한 권한을 내가 생각에게 부여한 것과 같았다. 그리하여 생각은 자신이 주인이라도 되는 양 나의 온갖 것들에 간섭했다. 몸은 너무도 순수했다. 그런 생각의 활동에 일체의 원망이나 불평이 없었다. 생각의 활동으로 인해 몸이 경직되고 비틀려 갈지라도 그저 묵묵히 자신의 역할을 다했다. 정작 중요한 것은 나 자신이었다. 나는 어느새 생각의 노예가 되어 있었다. 마치 생각의 숙주라도 된 양 생각의 지시에 춤추고 있었다.

나는 울었다. 생각의 주인으로서 있어야 할 내가 참으로 비참하고도 초라하게 생각의 꼬붕이 되어 있었다. 그리고는 나 자신을 망치고 괴로워했다. 생각은 온몸의 구석구석에 관여하지 않는 곳이 없었다. 생각이 만든 상이 깃든 모든 곳은 경직되었고, 세포들 하나하나도 성하기가 힘들었다. 나의 비틀어진 오장육부, 일그러진 정신, 우울, 근심, 심지어 아침에 이불 속에서 뭉그적거리는 것도, 우유부단한 내 습성도 생각이 나를 지배하여 나타나는 현상들이었다. 동시에 나는 보았다. 생각이 활동하지 않고서도 얼마든지 잘 살 수 있다는 것을. 생각의 활동이 끊어지면 이 삶이 얼마나 경이롭고 복되며, 이 세상이 얼마나 눈물 나게 아름다운 곳인가를.

세수를 할 때였다. 나는 어떤 것을 알아채기만 할 뿐, 생각이 일체의 간섭을 하지 못하는 상태에 있었다. 세수는 내가 하고 있는 것이 아니라 몸이 하고 있었다. 몸은 내가 파악하기 힘든 힘과도 공명하는 듯했다. 컵을 들어도 딱 그만큼의 힘만 사용했고, 비누칠을 할 때도 딱 필요한 만큼만 비누칠을 했다. 평소였다면 컵이 손에서 미끄러지겠다고 생각할 정도의 힘이었고, 비누칠도 '이것밖에?'라고 여길 정도의 비누칠이었다. 피부를 씻을 때도 몸은 어느 정도의 세기로 씻어야 하는지 알았다. '이렇게 부드럽게 씻어도 되나?'라는 생각이 들 정도였다.

머리를 감을 때는 머리카락 한 올 한 올이 손에게 감사했고, 손은 그것에 고마워했다. 양치질을 할 때는 이와 잇몸이 손과 칫솔에 고마워했고, 손과 칫솔은 이와 잇몸에 감사했다. 평소 잘 닦지 않던 곳까지 입안 구석구석 아주 부드럽게 충분히 닦아주었다. 나는 세수를 하고, 몸을 씻는 내내 눈물을 글썽거렸다. 몸의 각 부위가 그렇게 서로를 존중하고 협응을 하고 있었는지는 미처 몰랐다. 온몸의 세포는 세포 하나하나대로, 신경은 신경대로, 뼈는 뼈대로 각각 자신의 역할을 다 하면서 서로를 돕고 있었다.

생각이 끊어진 채 걷는 걸음은 정말 부드러웠고, 절로 움직이는 몸의 움직임은 감동 그 자체였다. 나는 알았다. 내가 그동안 얼마나 많은 생각으로 몸을 옥죘고, 얼마나 불필요한 생각으로 이 삶과 몸에 간섭했는지를. 그리고 스스로 나를 얼마나 고통스럽고 불편하게 했는지를….

당신은 푸른 하늘을 볼 때 생각을 하는가, 그것을 온몸으로 느끼는가? 눈부시게 쏟아지는 아침 햇살을 맞이할 때 당신은 그것을 생각을 하는가, 그냥 온몸으로 느끼는가?

사랑은 언제나 늦는 법이 없습니다

예,
사랑은 언제나 늦는 법이 없습니다.
언제나 다시 시작하면 됩니다.

아무리 힘들고 어려운 상황일지라도
무엇을 어떻게 해야 할지 난감할지라도
그냥 내가 할 수 있는 일부터 다시 시작하면 됩니다.

괜찮습니다.
조금 늦게 가면 뭐 어떻습니까?
좀 부족하면 또 뭐 어떻습니까?

내 형편 닿는 대로,
내가 할 수 있는 아주 자그마한 일부터
다시 시작하면 됩니다.

아름다운 이 세상,
고맙게 살다 가기에
그것만으로도 너무 충분합니다.

예,
고생 많으셨습니다.
우리 다시 한번 시작해 봅시다.

8부

나와 몸,
병
그리고 죽음

불편한 몸을 고치고 병을 치료하려는 인간의 노력은 여러 가지 형태로 나타난다. 그것이 효과가 있을 수도 있고, 없을 수도 있다. 그로 인한 결과가 사람들에게 미치는 영향도 가지각색이다. 그런데 그 수많은 요법과 기술들, 나아가서 사람들이 놓치고 있는 중요한 한 가지가 있다. 그것이 무엇일까? 그것은 바로 병과 내가 하나라는 사실이다. 물론 나는 병이 아니다. 하지만 나는 병과 하나다. 이 기본적인 사실을 알 때야 우리가 병을 효율적으로 치유할 수 있는 길이 열린다.

나는 병이 아니다. 하지만 나는 병과 하나다.

사람들은 흔히 병을 나와 분리시켜 치료되거나 제거되어야 할 대상으로 인식한다. 그럼으로써 제외되는 것은 무엇일까? 바로 그 병이다. 그런데 세상을 가만히 바라보면, 모든 것은 상호 유기적인 관계 속에서 존재한다는 것을 알 수 있다. 어느 것 하나 일방적인 것은 없다. 예를 들어 몸은 온몸의 신경과 조직, 뼈, 각각의 세포와 장기들, 혈관이 유기적인 관계에 있다. 또한 몸은 물, 공기, 땅, 햇빛, 음식, 동물, 식물, 인력과 중력, 주변 공간, 사람들과의 관계 속에서 생명활동이 이루어진다. 여기서 몸이 생명활동을 하는 데 제외될 수 있는 게 무엇이 있을까? 인간이 생각으로 제외시킬 수 있는 것 말고는 아무것도 없다. 우리가 인식하든 못하든, 몸은 늘 모든 것과의 관계 속에서 존재하고, 모든 것과 공명한다.

생각으로 어떤 것을 제외하면, 우리 몸에는 그만큼의 에너지 불균형이 생긴다. 그 불균형이 심해지면 고통과 불편을 느끼고, 그것이 또 다른 인식적 불균형과 맞물려 더 강화되거나 누적되면, 결국 병이 된다. 병은 우리가 어떤 생각에 매몰돼 있다는 신호, 그로 인해 몸에 에너지 불균형이 생겼다는 것을 알려 주는 것이다. 우리가 그 신호를 겸손하게 받아들이면, 몸과 병을 대하는 자세가 달라진다. 내 생각의 오류들이 보인다. 그 오류를 바로잡으면 병은 효율적으로 치유된다. 병이 제 역할을 다하고 물러나는 셈이다. 이러한 사실은 알지 못한 채, 그저 병을 적대시하거나 제거하려고만 하면, 쉽게 갈 길을 돌아서 가게 된다. 물론 그러한 방식으로 병을 고칠 수 없다는 것은 아니다. 다만 그 과정이 비효율적이 되기 쉽다.

이 세상의 에너지는 사람들이 생각하는 것보다 훨씬 낭비 없이 돌아간다. 모든 것을 모든 것으로서 존재하게 하는 힘이 완전하기 때문이다. 그 힘은 언제나 가장 효율적으로 작동된다. 문제에 대한 답을 멀리서 찾지 말고 항상 가장 가까운 곳에서 찾으라는 의미다. 그럼에도 사람들은 답을 멀리서 찾으려 하거나, 돌아서 가려고 애쓴다. 지름길을 놔두고 에움길을 가는 사람들의 행태는 참 아이러니하다. 각자 자신이 옳다고 여기는 생각체계에 머물다 보면 그렇게 된다. 가령 어떤 문제가 있다고 할 때, 그 문제의 구멍에는 동그란 도구를 넣으면 문제가 해결되는데, 그것에 자꾸 네모난 도구를 끼워 맞추려고 하는 상태가 된다.

만일 인간이 자연과의 관계에서 문제가 발생했다면, 그에 대한 답은 어디에 있는가? 자연은 전체가 하나로서 유기적으로 존재한다. 반면 인간의 생각은 분리되어 있다. 문제는 인간의 분리된 인식에 기초한 생각의 오류에서 비롯되었다. 그렇다면 그 문제에 대한 답은 사람들의 생각의 오류를 바로잡는 데 있다. 우리 몸에서 일어나는 일들도 마찬가지다. 몸은 자연과 같다. 몸과의 관계에서 문제가 발생했다면, 그 문제를 유발한 내 생각의 오류를 돌아보고, 그것을 고치는 것이 가장 효율적인 문제해결 방법이다. 그래서 더더욱 우리가 몸과 병에 대해서 제대로 된 인식을 갖고 있는 게 중요하다.

병은 그 기저에 사람들의 죽음에 대한 두려움이 있다는 것이 핵심이다. 죽음이 무엇인지 알아야 병에 대해서도 제대로 된 태도를 가질 수 있다. 그렇기에 이 단원에서는 우리가 몸, 병, 죽음에 대해 어떤 인식을 갖고 있는지 돌아보고, 그에 대한 우리의 자세와 인식은 어떻게 바로잡을 수 있는지 살펴본다. 나아가서 죽음은 무엇이고, 죽음 이후에 우리가 어떻게 되는지 느껴 보는 시간을 갖는다.

몸은
솔직한 유기체다

몸의 상태는 결국 내 생각이 반영된 것이다.

몸은 우리의 생각대로 반응할 수밖에 없다. 아주 솔직한 유기체다. 우리가 어떤 음식을 먹으면 그 음식이 정확하게 몸에 반영돼 작용을 일으키고, 어떤 생각을 가지면 그 생각이 그대로 몸에 투영돼 변화를 가져온다. 몸은 우리의 삶에서 뼈대와 기둥 역할을 한다. 그런데 그 기둥이 자꾸만 흔들리고 상태가 안 좋다면, 그로 인해 삶에서 여러 가지 고통이나 불편을 겪는다면 어떻게 되는가? 우리는 그냥 만사가 귀찮아진다. 심지어 살기가 싫어진다. 다른 것들은 다 부차적이 된다. 그 정도로 몸은 우리에게 커다란 영향을 미친다.

몸의 상태는 결국 내 생각이 반영된 것이다. 우리가 어떤 음식을 먹고 생활방식을 갖는가에 따라 몸의 상태가 달라질 수 있지만, 그 역시 내 생각의 영향을 받아서 이루어지는 행위들이다. 만일 내가 만성질환을 앓고 있거나 크든 작든 몸에서 고통이나 불편을 겪고 있다면, 그것의 상당 부분은 내 생각이 투영된 결과다. 이 간단하고 중요한 사실을 가슴에 새기고만 있어도, 우리가 몸의 불편에서 자유로워지는 것은 한결 수월해진다. 사람들은 이 단순한 사실은 놓친 채, '몸이 왜 그러냐?'는 둥, '누구 때문에 화병이 나서 그렇다.'는 둥 몸 탓을 하거나 남 탓을 한다. 자책 또한 잘 한다. 거의 둘 중에 하나다. 그런데 우리가 이와 같은 사실을 알면 오히려 평온해진다.

몸은 사랑 그 자체이다. 우리에게 일어나는 모든 일을 그냥 묵묵히 다 받아들인다. 이따금 몸의 고통이나 불편으로써 몸에 에너지 불균형이 발생했다는 신호를 사랑으로서 알려줄 뿐이다. 우리가 그 신호를 고맙게 받아들이면, 몸의 불편과 싸우기보다는 겸손하게 자신을 돌아보게 된다. 그 불편은 효과적으로 해소된다. 몸은 완전함 그 자체이기도 하다. 온몸의 신경과 힘줄과 핏줄, 각각의 뼈와 살과 장기들, 온몸의 세포 하나하나가 그렇게 유기적으로 존재하는 것을 보면 그저 경이롭다. 몸을 통해 우리가 음식을 맛보고, 소리를 듣고, 이 세상을 지각할 수 있는 것도, 이렇게 숨을 쉬고, 활동하며, 다른 사람들과 같이 존재할 수 있다는 것도 그저 은혜롭다.

몸의 불편은 주변 상황에 영향을 받아서 그런 것도 있고, 몸이 노화돼서 그런 것도 있다. 그러나 그것의 상당 부분은 생각으로 인한 것이다. 몸이 노화되는 것과 주변 상황은 어쩔 수 없다고 치더라도, 내 생각의 오류는 내가 고칠 수 있다. 그 기반이 되는 것이 몸이다. 몸에서 내 생각의 오류를 지각하고 그것을 고치겠다는 분명한 의향을 가지면 생각이 변한다. 내가 작아지는 법을 배우면 생각의 오류를 고치는 것이 수월해진다. 몸의 불편이나 고통보다 내가 더 작아지면 그것이 어디에서 왔는지 보이고, 생각보다 더 작아지면 내 생각의 오류가 무엇인지 금방 파악이 된다. 나의 삶과 몸은 사랑으로서 그에 화답한다. 내가 작아지는 법은 6부에서 언급한 적이 있지만, 9부에서 더 구체적으로 언급한다.

병은
하나의 신호다

병은 항상 죽음과 맞닿아 있다는 것이 핵심이다.

병에 걸렸을 때 사람들에게는 여러 가지 생각이 올라온다. 병의 원인, 죽음에 대한 두려움, 병을 치료할 수 있는 방법 등이 떠오른다. 중병인 경우에는 가족에 대한 미안함, 인생에 대한 회한, 이런저런 복잡한 감정들도 동시에 올라온다. 중병이든 아니든 사람들이 병을 받아들이는 것은 쉽지 않다. 방사능 노출과 같이 외부적 요인에 의해 억울하게 병에 걸린 경우에는 더 하다. 병을 대하는 사람들의 태도는 각양각색이다. 대다수의 사람들은 병에 걸렸을 때, 그 병에 대해 '너, 나랑 싸워보자는 거냐? 내가 너를 죽여 버리겠어!' '네가 뭔데 나를 이렇게 힘들게 해.' 등의 태도를 보인다. 병을 고치기 위해 병의 원인을 찾는 것에 골몰하기도 한다.

그런데 어떤 병이든 그 병을 통해서 '아, 내가 바뀌어야 되는구나!' '병이 나에게 어떤 신호를 보내 주는 것이구나.'라고 알아차리는 것이 보다 본질적이다. 병을 오히려 감사하게 받아들일 수 있다면, 자신을 돌아보는 것은 용이해진다. 많은 경우에 있어서 병은 본인들이 자초한 것이다. 병을 자초했다고 하면, 사람들은 '내가 뭘 어쨌기에?'라고 생각할 수도 있다. 그러나 곰곰이 돌이켜 보면 내 식습관이나 생활태도 등에서 짐작되는 게 있다. 물론 특정 지역의 물이나 환경이 오염돼서 병이 들 수도 있다. 내가 그 병을 100% 자초했다고 볼 수 없는 경우다. 그런 경우라 할지라도 병을 대하는 나의 태도는 그 병을 앓는 동안 더 힘들어지느냐, 그래도 좀 견딜만하냐, 조금은 더 빨리 회복될 수 있느냐에 큰 영향을 미친다.

병은 병 자체보다는 그것이 항상 죽음과 맞물려 있다는 것이 핵심이다. 병이 항상 죽음과 연결되기에 사람들을 정신적으로나 감정적으로 복잡하게 만든다. '내가 병에 걸렸네? 나, 죽으면 어떡하지?'가 대다수 사람들의 반응이다. 그래서 사람들이 병을 대하는 것이 쉽지가 않다. 죽음을 어떻게 대해야 할지 모르기 때문에 병에 대해서도 제대로 된 태도를 갖기 힘들다. 그렇기에 죽음은 사람들이 반드시 한 번은 짚고 넘어가야 할 주제다. 자신이 누구인지 알면 죽음은 그리 두려운 것은 아니다. 그러나 우리가 생각과 동일시된 채로 오랫동안 살아온 상태에서 그 앎이 체화되는 것은 만만치 않다.

죽음이 우리를 두렵게 하는 것은 죽음에 대한 우리의 편견, 그릇된 지식, 왜곡된 관념들에 기인한다. 죽음을 나쁜 것이나 잘못된 것으로 여기는 것이 우리로 하여금 죽음을 두렵게 만든다. 죽음이 무엇인지 알면, 죽음에 대한 인식이 달라지고, 우리가 병에 대해서도 제대로 된 태도를 가질 수 있다. 병이 수월하게 지나가거나 효율적으로 치유된다.

죽음은 무엇인가

죽음은 '있음'의 연장이다.

여러분은 자신의 죽음에 대해 진지하게 느껴 본 적이 있는가? 이 사회나 다른 사람들의 시각과는 관계없이 한 인간으로서 순수하게 자신의 죽음을 대면해 본 적이 있는가? 이 기회에 여러분의 죽음을 스스로 대면해 보는 것은 어떨까? 여기서 그러한 시간을 한번 가져 보려고 한다. 여러분이 자신의 죽음에 대해 담담히 명상하는 시간을 가져 보면 좋겠다.

자, 마음을 평온히 한다. 가슴에 당신의 죽음을 내려놓는다. 편안하게 눈을 감는다. 가슴에서 나의 죽음을 가만히 바라본다. 말없이 1~2분 정도 나의 죽음을 가슴에서 조용히 바라본다. 이제 심장의 박동에 집중한다. 심장에서 나의 죽음을 가만히 느껴 본다. 일체의 생각의 활동을 허용하지 말고, 오로지 나의 죽음만을 심장으로 가만히 느껴 본다. 5분 정도. 그리고 나의 죽음에 "예" 한다.

자, 어떤 것이 다가왔는가? 내가 다소 숙연해진 느낌이 든다. 죽음에 대한 두려움보다는 평온히 숨을 쉬고 있는 나 자신만이 지각된다. 지금 이 상황을 바라보고 있는 나, 내가 있음, 나의 존재만이 느껴진다. 그리고 내가 고요하다. 심장이 좀 더 선명하게 뛰는 것이 느껴진다. 그 변화를 느꼈는가? 생각은 사실 죽음이 무엇인지 모른다. 죽음은 하나의 현상으로서 실재하지만 생각은 개념이다. 생각이 개념의 한계 너머에 대해서 아는 것은 가능하지 않다. 그런데 당신은 생각이 아니다. 지금 그 모습으로서 엄연히 실재하고 있다. 실재하는 모든 것들은 하나로 공명한다. 즉, 당신은 죽음이 무엇인지 이미 알고 있다. 단지 생각과의 동일시로 인해 당신이 그것을 모르고 있는 것처럼 비춰지고 있을 뿐이다.

당신이 어두컴컴한 공간에서 어떤 잠긴 문을 열려고 한다고 하자. 그런데 그 문이 열리지가 않는다. 아무리 문을 두드려 봐도 열어 주는 이 없고, 당신이 아무리 문을 열려고 애를 써 봐도 그 문을 열 수가 없다. 그러면 당신은 어떻게 되는가? 두려움과 공포가 엄습해 온다. 등에서는 식은땀이 흐른다. 생각에게 죽음이라는 것이 그렇다. 생각은 죽음이 무엇인지 알지 못한다. 생각으로는 도저히 알 수 없는 것을 당신이 자꾸만 생각으로 알려고 할 때, 당신에게는 불안과 두려움이 생긴다. 엄밀히 말하면 생각의 한계로 인해 생각이 갖는 불안과 두려움이다. 당신이 생각과 동일시되어 있을 때는 그것이 당신의 불안과 두려움으로 느껴진다. 다시 말해 사람들이 죽음에 대해 갖고 있는 수많은 관념과 상은 생각이 죽음에 대해 알 수 없어서 만들어 낸 두려움의 다른 표현들이다.

당신은 죽으면 끝이라고 생각하는가? 또한 당신이 죽으면 당신의 존재 역시 사라질 거라고 여기는가? 사람들은 흔히 자신이 죽으면 모든 게 끝나고, 자신도 없어지는 것처럼 여긴다. 몸이 없어진다고 생각하니까 지금까지 자신이 경험했던 모든 것들 역시 사라지는 것으로 생각한다. 그러나 죽음을 자신이 없어지는 것으로 여기면, 죽음은 허무한 것이 될 수밖에 없다. 내가 사라진다는 것 자체가 두려움을 준다. 이 세상에서 천국이나 극락과 같은 사후 세계에 대한 수많은 상과 관념들이 생겨난 이유도 그것에 있다. 내가 사라지는 것에 대한 두려움을 해소해 보고자, 여기서 누리던 것들을 조금 더 연장해 보고자 하는 시도에서 비롯된 관념들이다. 애초에 사람들이 죽음에 대해 잘못된 상을 갖고 있어서 나타난 현상들이다.

우리가 생각을 온전히 내려놓으면 우리에게 본질적인 것이 다가온다. 앞서 죽음을 가슴에 내려놓았을 때 평온해졌던 이유도 사실은 우리가 생각을 내려놓았기 때문이다. 생각으로는 알 수 없는 것들을 더 이상 생각으로 알려고 하지 않았던 상태와 같다. 그럴 때 우리는 고요해진다. 느낌과 지각이 활성화된다. 그것이 나의 존재, 내가 있음만을 느끼는 상태로 감지된 것이다. 지금으로서는 당신이 죽음 이후에 어떻게 될는지 알 수 없겠지만, 당신의 가슴과 심장은 그것을 어렴풋하게나마 느낄 수 있다. 가슴과 심장은 모든 것과 공명할 수 있는 기능이 있기 때문이다. 가슴과 심장이 활성화되면 당신은 물리적 죽음 이후에 당신이 지금과는 또 다른 모습의 있음으로써 존재할 거라는 것이 다가온다.

그렇다면 죽음은 무엇인가? '있음'의 연장이다. 육신을 가진 상태에서 그렇지 않은 상태로 있는 것이다. 우리가 주변의 모든 것, 모든 있음이 나와 하나로 있다는 것이 선명해질수록 죽음도 '있음'의 연장선에 있다는 것을 안다. 물론 그러한 상태가 되려면 '있다' 연습이 많이 진행되어야 하고, 육체와 에너지 몸을 지각하는 연습을 통해서 나는 지금 이 모습으로서도 있지만 동시에 모든 것과 하나로 있다는 것도 다가와야 한다. 그러면 지금까지 '나'라고 생각했던 나와, 그동안 나에게서 일어난 모든 것을 그대로 존중하고 있는 내가 있다는 것을 알게 된다. 그것은 둘이 아니라 하나라는 것도 안다. 그 상태가 되면 우리에게는 무수한 있음만이, 지금의 이 삶을 포괄하는 커다란 하나의 삶만이 있다는 것을 안다.

인간으로의 탄생이 당신에게 지금과 같은 삶의 문을 열게 했던 것처럼, 당신의 죽음은 당신으로 하여금 또 다른 있음의 문을 열게 한다. 심장이 활성화되면, 당신은 죽음이라는 문을 열기 전에 내가 이 삶에서 해야 되고, 또 하고자 하는 일이 있다는 게 다가온다. 그것은 각자 다를 수 있겠지만, 대개는 지금까지 나의 이 삶 그대로에 감사하는 것이다. 그리고 가까운 주변 사람들의 그 있음, 존재 자체를 그대로 존중하는 것이다.

이러한 내용을 당신이 살아생전에 알게 된다면, 당신의 삶은 많이 달라진다. 생각이 만든 거품들이 점점 사라지고, 내가 이곳에 있음이, 가까운 주변 사람들과 함께 나누었던 일들이, 인간으로서의 나에게 일어났던 모든 일들이 다시금 감사하게 다가온다.

죽은 자는
산 자가
잘되길 원한다

인간의 죽음은 머리로는 알 수 없는 영역이다.

사람들에게 죽음은 너무도 견디기 힘든 상심이자 고통이다. 가까이 지내던 사람이 죽었을 때, 어제까지 나랑 얘기했던 사람이 이제는 더 이상 눈에 안 보일 때, 살아있는 사람은 이루 말할 수 없는 상실감을 겪는다. 이때 살아있는 사람은 죽은 자에 대한 이런저런 환영을 만들어 내기도 한다. 갑작스런 교통사고나 돌연사 등으로 가까운 사람이 죽었을 때, 그가 여전히 자신의 주위를 맴도는 듯한 느낌을 갖는다. 그 환영을 쫓을 경우 자신도 모르게 죽음으로 이끌린다. 가족 내에서 유산流產, 자살, 살인사건과 같이 선뜻 받아들이기 어려운 일이 발생했을 경우에는 가족 구성원 중 누군가가 자폐나 정신분열 증상을 겪기도 한다. 부모나 형제, 친밀한 사람이 원통하게 죽었을 경우에는 한없이 자신을 자책하거나 복수심 속에서 여생을 보내기도 한다.

이와 같은 고통을 우리가 어떻게 조금은 더 쉽게 넘어갈 수 있을까? 그 죽음이 너무도 괴로울 수 있겠지만, 또한 정말 억울하고 분할 수도 있겠지만, 그 죽음에 그대로 동의하는 것이다. 그저 "예"다. 그 고통 앞에 서서 처절한 눈물과 함께 그 사건을 떠나보내는 것이다. 죽은 자도 산 자 못지않게 가슴 아파한다. 동시에 죽은 자는 산 자가 잘되길 원한다. 산 자가 죽은 자의 일에 끼어들어 간섭하는 것을 원치 않는다. 그 일은 그 일로서 완성이 된 것이다. 이러한 태도와 인식이 죽은 자와 산 자 모두를 평온하게 한다. 당연히 살아 있는 자가 그 사건에 대해 미련과 원망을 가져도 된다. 후회와 집착을 해도 되고, 분노에 치 떨어도 된다. 큰 그림에서 보면 그것이 자신의 삶이나 이 사회에 어떤 변화를 응축하는 과정일 수 있다. 그것은 우리가 머리로는 알 수 없는 영역이다.

죽음으로 인한 상심을 조금 더 본질적으로 녹여낼 수 있는 방법이 그 죽음 자체를 그대로 존중하는 것이다. 역시 "예"다. 나 또한 같은 사람으로서 있는 것이다. 그 죽음이 무엇에 기인했든, 그것에 대해 남들이 뭐라 그러든 그 이유를 따지지 않는다. 모든 것은 그러할 수밖에 없다고, 그 역시 사랑이라고 나의 가슴속에 비장하게 받아들인다. 암과 같은 질병들, 도저히 납득하기 어려운 사건사고, 이해하기 힘든 우환들을 그대로 받아들인다는 것은 정말 힘든 일이다. 인간으로서 갖는 그 회한, 그 먹먹함, 그 억울함과 죄책감을 우리가 어떻게 다 견딜 수 있다는 말인가? 그럼에도 울면서 "예" 하는 것이다. 이러한 태도가 죽은 자와 그의 가족, 가까운 주변 사람들, 그리고 나의 존엄을 지켜준다.

우리가 죽으면 영혼으로 있나요?

우리의 본질은 영원히 변치 않는 힘이다.

영혼과는 관계없다.

우리가 보이는 이 몸이 내가 아니라는 것을 알면, 죽음 이후의 여러 가지 인간적인 상상에 얽매이지 않는다. 그러나 보이는 몸을 나라고 여기는 상태, 즉 우리가 육체에 얽매여 있을 때는 자신이 죽으면 영혼으로 있을 거라는 생각을 갖기 쉽다. 사람들이 죽고 나서 영계에 모여 있을 거라고 상상하는 것도 무리는 아니다. 죽음이 '있음'의 연장이라는 말을 들었어도, 나 역시 내가 죽으면 영계에 가 있는 것은 아닐까 생각할 수도 있다. 그런데 우리가 죽으면 정말 어떻게 되는 것인가? 그동안 나에게 일어난 모든 일들은 사라지고, 나 역시 없어지는 것일까? 그렇지는 않다. 당신은 당신으로서 늘 그대로 있다. 다만 당신의 존재 방식에는 차이가 있다.

우리가 '무한'이 의미하는 바를 곰곰이 새겨보면 답이 나온다. 무한은 한계가 없다는 뜻이다. 한계가 없다는 것은 말 그대로 모든 것이 다 가능하다는 의미이기도 하다. 한계가 없기에 역설적으로 한계를 띨 수 있고, 모든 현상, 모든 것으로도 나타날 수가 있다. 즉,

무한은 '모든 것을 가능하게 하는 힘의 원리'이다.

이 세상에 온갖 추하고 안 좋은 것들과 모든 성스럽고 아름다운 것들이 있을 수 있는 것도, 어떤 현상과 사건이든 다 일어날 수 있는 것도, 우리가 이렇게 숨을 쉬고 활동하며 존재할 수 있는 것도 그 바탕에 무한이 있어서 가능한 것이다. 무한은 처음과 끝을 알 수 없다. 그 깊이도 다 알 수 없다. 그래서 무한은 나누려야 나눌 수 없고, 분리하려야 분리할 수가

없다. 무한이라는 힘의 원리에 의해 펼쳐진 모든 것은 그냥 통으로 하나라는 의미다. 우리 눈에 수많은 것들이 분리되어 있거나 개별적인 것으로 비춰지는 것은 단지 생각이 만든 상에 의해 그렇게 인식되는 것일 뿐이다.

사람들은 흔히 자신이 개별적인 영혼으로 있다고 생각한다. 그것은 너와 나를 육체적으로 분리하여 인식하기에 그런 것이다. 영혼이라는 말은 사람들이 죽음 이후에 자신의 상태를 이해해 보고자 할 때 더욱 설득력 있게 다가온다. 사후에는 육체가 없는데, 그럼 어떻게 너와 나를 구분하느냐가 관심사가 된다. 이때 사람들은 영혼이라는 말을 사용해서 '네 영혼, 내 영혼'이라고 구분하여 부르는 것이다. 육체를 갖고 있을 때와 똑같은 논리다. 사람들이 육체를 자신과 동일시하듯, 영혼을 자신과 동일시하는 것이다. 그런데 육체는 실재할지라도 영혼은 실재하지 않는다. 영혼은 보이는 이 몸이 나라는 생각을 기초로 생각이 만들어 낸 상이다. 사람들의 머릿속에서 개념으로만 존재한다.

그러면 누군가는 이렇게 얘기할 것이다. "아니, 이 세상에는 영혼과 대화하는 수많은 사람들이 있다. 영혼이 주는 메시지를 받고, 그것이 그의 삶에 큰 영향을 미친다. 그런 현상들은 뭐라고 할 것인가? 또 어떤 사람이 죽고 난 뒤에 그의 혼이 어디에 머물고 있거나 돌아다닌다는 구체적인 사례들도 많이 있다. 그 모습들은 모두 영혼이 있다는 증거가 아닌가?"라고 말할 수 있다. 그것은 우리 몸의 입자를 생각하면 그렇게 얘기할 수 있는 부분들도 있다. 사람들이 죽고 난 뒤에 육신을 화장해서 그 육신이 재가 되었을지언정, 그 사람이 갖고 있던 에너지는 그대로 있다. 그 에너지는 살아 있는 사람들에게 영향을 줄 수 있다. 이런 측면에서 사람들이 영혼이 있는 것처럼 느끼는 현상들을 경험할 수 있다.

그러나 영혼에 대해 사람들이 얘기하는 것들이 무엇에 기반하고 있는지 잘 한번 살펴보라. 그것은 이 몸을 나라고 여기는 생각, 남의 정보를 진실이라고 믿는 생각, 나를 불쌍히 여기는 마음, 영혼이 실재한다고 믿는 생각 등에 기초하고 있다. 모두가 파생된 생각들이다. 즉, 영혼은 생각이 만들어 낸 환영이다. 사람들이 자신이 누구인지 모를 때, 영혼이라는 말이 위력을 발휘한다. 그런데 우리가 죽으면 육신의 한계에서 자유로워진다. 보이는 이 몸이 나라는 생각은 더 이상 활동하지 못한다. 그러면 생각에 의해 구분된 것들도 의미가 없어지고,

생각이 만든 상도 사라진다. 당연히 영혼도 사라진다. 사람들이 알고 있는 죽음은 결국 생각의 죽음인 것이다.

우리가 죽고 난 후 육신의 한계에서 자유로워지면 그동안 자신에게서 일어난 모든 것을 가능하게 한 힘이 드러난다. 그 힘이 바로 언제나 있는 나, 실재하는 나다. '있다' 연습과 에너지 몸을 점점 확장하면서 지각하는 연습, 심장 속에서 무한히 작아지는 연습을 꾸준히 하면, 우리는 살아생전에 자신이 누구인지 알 수 있다. 평소에도 늘 있었지만 생각으로 인해 우리의 뇌리에서 사라진 우리의 본질이 다가온다. 이 책에서는 그 힘을 '무한한 가능성 자체' 혹은 '사랑 그 자체'라고 말한다.

앞서 3부에서 우리의 본질은 '몸과 생각 이전에 존재하는 의식'이라고 언급한 적이 있었다. 그것은 생각을 자신과 동일시하는 사람들에게 나와 몸, 나와 생각을 구분할 수 있도록 방편상 그렇게 말한 것이다. 우리의 인식이 조금 더 확장되면, 이 세상에는 하나의 의식만이 있고, 그것이 무한입자를 통해서 모든 현상과 모든 것으로서 존재한다는 것을 안다. 그리고 나는 영원히 변치 않는 힘으로서, 무한한 가능성 자체로서 언제나 있었다는 것을 알게 된다. 그 힘은 영혼과는 전혀 관계가 없다.

우리는 가끔 임사체험을 한 사람들을 통해서 우리의 본질을 간접적으로 확인할 수 있다. 그들 중 자신이 누구인지 선명하게 인지한 사람은 인간적인 관점에서 소위 기적이라고 불릴만한 치유를 경험한다.* 그들은 자신에게 일어난 모든 것을 가능하게 한 힘이 바로 자기 자신이었다는 것에 대해 말한다. 또한 무수한 있음이 경이롭게 펼쳐져 있는 것들에 대해서도 말한다. 그러나 영혼에 대해서는 얘기하지 않는다. 영혼이라고 할 만한 게 없기 때문이다.

---

* 아니타 무르자니, 『그리고 모든 것이 변했다』, 황근하, 샨티, 2012.

한편의 시

죽음은 늘 나와 하나로 있었다

내가 지금 죽게 된다면
나는 무엇을 할 수 있을까?
그것은 아마도,
"예"가 되리라.

누구를 향한 "예"인가?
이렇게 살다 가는 나에게 하는 "예"가 되리라.
그동안 나에게 무슨 일이 있었고
내가 어떻게 살아왔든,
그저 "예"가 되리라.

미련도 있고,
아쉬움도 많지만,
이렇게 살다 가는 나를 위한
한줄기 뜨거운 눈물일 수도 있으리라.

나는 나의 죽음에게 얘기한다.

"예,

나, 당신 덕분에 이렇게 잘 살 수 있었습니다.

그동안 고마웠습니다."

죽음은 나에게 화답한다.

"예,

나, 늘 당신과 하나로 있었습니다.

그동안 당신과 함께 해서 고마웠습니다."

나와

죽음은

어느새

빙긋이 웃는다.

9부

들어라,
네 가슴의
소리를

사람들은 보통 가슴이라고 하면 물리적 가슴만을 생각한다. 그러나 가슴을 가만히 느껴 보면, 우리에게는 좀 다른 의미의 가슴도 있다는 것이 다가온다. 우리가 열정, 용기, 사랑을 가슴과 연관 지어 말하는 것도, 가슴 벅찬 삶을 살고 싶다고 말하는 것도 가슴에 그러한 에너지가 있다는 것을 짐작하게 한다. 가슴으로 보고 듣고 느끼라는 말도 있다. 이 책에서는 '있다' 연습을 가슴에서 하고, 언어침술 문장도 가슴에서 소리 내어 말하며, 삶을 변화시키는 힘인 의향도 가슴에서 발현된다고 한다. 이때의 가슴은 분명히 물리적 가슴만을 의미하지 않는다. 가슴이 무엇이기에, 또 가슴에 어떤 역할과 기능이 있기에 이토록 가슴을 강조하는 것일까?

가슴이 무엇인지 모르면 가슴을 활용하기 힘들다. 삶의 원동력인 의향도 뚜렷하지 않게 되고, 생각이 자꾸만 삶을 좌우하게 된다. 반면에 가슴이 무엇인지 알고 가슴을 활용하기 시작하면, 의향이 훨씬 뚜렷해지고 생각도 유용한 기계로서 자신의 역할을 다 한다. 가슴과 생각이 서로 조화를 이루고 호흡이 맞으면, 삶은 안정적이고 평안하게 흘러간다. 그렇다면 가슴은 무엇일까?

가슴은 이 세상의 모든 있음을,
그 있음 그대로 느끼게 하는 자기장이다.

위의 가슴에 대한 정의를 가슴에서 가만히 한번 느껴 보라. 어떤 것이 다가오는가? 가슴을 잘 활용하면 인식에 큰 변화가 오겠다는 것이 느껴진다. 그것이 나의 삶에도 커다란 영향을 줄 수 있겠다는 것이 다가온다. 위의 가슴에 대한 정의는 사실 대단히 중요한 의미를 갖는다. 사람들의 인식이 개념적 영역에서 실재의 영역으로, 사람들의 삶이 생각의 지배를 받는 차원에서 생각을 다룰 수 있는 차원으로 변모되는 계기를 마련해 준다. 우리가 본래의 자신으로서 존재하는 데 결정적인 역할을 한다.

예를 들어 당신이 지금 어떤 식물을 본다고 하자. 그 식물을 평소 보던 방식대로 한번 바라보고, 가슴으로도 바라보라. 가슴에 집중하고 식물을 바라보면 된다. 그리고 그 둘의 차이를 비교해 본다. 가슴에서 식물을 바라볼 때, 그 식물의 초록빛과 생생함에 새삼 놀랄 것이다. 잎맥도 훨씬 구체적으로 보이고, 이파리의 광택도 은은하게 다가온다. 평소 식물을 보던 방식으로는 감지하기 힘들었던 영역이다. 이런 질적인 측면이나 뉘앙스는 생각이 알 수 없는 영역이다. 그것은 나와 그 대상이 함께 울림, 즉 공명을 통해서만 다가온다. 가슴의 고유한 역할이다. 이러한 가슴의 속성을 활용해 어떤 것의 본질을 알아채거나, 자신이 실제 누구인지 자각할 수 있다.

가슴이 이 세상의 모든 것을 그 있음 그대로 느끼게 하는 자기장이라는 것은 '가슴을 중심으로 모든 것이 하나로 있을 수 있다.'는 의미다. 자기장은 사람들의 눈에 보이지 않는 에너지의 흐름이 있다는 것을 알려 준다. 크게 봐서는 우주 전체가 하나의 자기장으로 이루어져 있다. 그렇기에 그 안의 모든 천체도 각각의 자기장을 띠고, 별들 간에 척력, 중력, 인력이 작용하여 지금 우리가 바라보는 우주가 존재할 수 있다. 지구도 자체의 자기장을 갖고 있다. 지구에서 살고 있는 모든 생명체, 지구상의 모든 물질이나 물건들, 심지어 어떤 사건이나 추상적인 것들도 지구라는 자기장 안에서 하나로 묶여져 있다.

모든 것이 하나의 커다란 자기장 안에 있다는 것은 너무도 간단한 사실이지만, 그 사실 하나로 우리가 이루어 낼 수 있는 일들은 실로 어마어마하다. 가슴에서 어떤 대상에 초점을 맞추면, 그 대상에 대한 정보를 알 수 있고, 그것의 에너지를 느낄 수 있다. 그것이 왜 그런가는 단순하다. 모든 것은 하나의 자기장 안에 있고, 가슴은 그것과 공명할 수 있는 기능이 있기 때문이다. 우리가 생각을 온전히 내려놓으면 생각에 의해 단절되었던 에너지가 활성화된다. 그 상태에서 자신만의 뚜렷한 의향을 가지면 기존의 방식으로는 가능하지 않았던 수많은 일을 효율적으로 이루어 낼 수 있다. 지금까지 사람들이 생각이 무엇인지 몰라서 생각을 제대로 사용하지 못했던 것처럼, 가슴 역시 그랬다.

가슴은 사람들이 생각하는 것보다 훨씬 확장될 수 있다. 우리가 육체 바깥으로 에너지 몸을 지각하면서 점점 확장하는 이미지 연습을 하거나, 가슴의 핵인 심장에서 아주 작아지는 연습을 하면, 이 세상의 모든 것을 가슴에 담을 수 있다. 삶에 중심이 잡히고, 나의 자리가 어디인지 안다. 그리하여 물리적 가슴만이 가슴이 아니라, '우주 전체가 하나의 가슴이구나!'라는 것까지 다가올 수 있다. 가슴을 중심으로 모든 것이 하나로 있을 수 있다는 말이 무엇인지 이해된다. 가슴이 삶의 기반이 될 때, 사람들의 인식체계에 대전환paradigm shift이 일어난다.

이 단원에서는 가슴과 심장에 어떤 역할이 있고, 그것을 어떻게 삶에 적용할 수 있는지 알아본다. 그리고 가슴은 어떻게 활성화하며, 우리가 본래의 나, 자기 자신에게 이르려면 어떻게 해야 되는지 살펴본다.

가슴의 역할과 기능

가슴은 모든 것과 공명할 수 있는 송수신탑의 역할을 한다.

생각은 어떤 지식이나 정보를 종합하고 정리해 주는 역할을 한다. 그리고 우리가 살아가는데 필요한 지식을 그때그때 떠올려 준다. 인식이 확장됨에 따라 생각도 그만큼 깊어지고 확장된다. 그러나 아무리 깊고 확장된 생각일지라도 생각은 개념으로서의 한계를 벗어나지 못한다. 물론 생각이 개념의 한계를 벗어날 필요는 없다. 생각이 개념으로서의 한계를 갖기에 사물과 현상을 각각의 단어와 문장들로 표현할 수 있고,

생각이 생각으로서의 역할을 다 할 수 있다. 다만 사람들이 생각의 한계를 알지 못하고, 생각과의 관계정립이 되지 않았을 때, 생각의 지배를 받는다. 사람들은 생각이 만든 개념 속에 갇혀 생각이 유용하기보다는 고약한 결과를 가져오는 기계가 될 수 있다.

생각을 유용한 기계로서 사용하려면, '나는 생각이 아니다.'라는 것을 알고, 생각에 대해 분명한 태도를 가져야 한다. 가슴에 생각을 내려놓으면 생각은 활동하지 못한다. 생각이 문제를 일으키지 못한다는 의미다. 가슴에는 지각하고 느끼는 기능이 있기 때문이다. 가슴의 이러한 속성을 활용해 나와 생각과의 관계를 정립하고, 내가 원하는 바를 이룰 수 있다. 그 방법이 가슴에서 자신만의 분명한 의향을 갖는 것이다. 의향은 삶의 원동력으로서 생각의 초점을 바로잡아 주고, 삶에 추동력을 제공한다. 뚜렷한 의향을 통해 가슴에서 초점이 바로잡힌 생각은 단순히 생각으로만 끝나지 않는다. 실재와 하나로 존재하거나 실제에 가깝게 현실화된다.

예컨대 건축가가 빌딩이나 건물을 지을 때, 먼저 그것을 어떤 방향이나 방식으로 짓겠다는 건축가의 의향이 있게 된다.

그 의향은 종합적이고 구체적인 생각을 통해서 설계도로 구현된다. 그 설계도는 결국 빌딩이나 건물과 하나로 존재한다. 또한 위대한 예술가의 작품이 우리에게 감동을 주는 이유도 그 장인의 고유한 의향이 생각을 통해 예술작품으로 승화되었고, 그 예술작품이 우리의 가슴과 하나로 울리기 때문이다. 간혹 어떤 과학자나 수학자가 새로운 원리를 발견해 사람들을 놀라게 하는 경우도 그의 열정, 다시 말해 그의 뚜렷한 의향을 통해서 생각의 초점이 바로잡힌 결과이다.

가슴은 우리의 몸에서 모든 것과 공명할 수 있는 송수신탑의 역할을 한다. 공명의 원리는 이미 과학적으로, 또 기술적으로 실생활의 많은 분야에서 이용되고 있다. 무선충전, 스마트폰을 이용한 통신, 스피커, TV, 전자레인지, MRI 등의 장치는 공명의 원리를 활용한 것이다. 우리 몸도 공명의 원리를 활용할 수 있다. 몸은 입자로 이루어져 있다. 곧 에너지를 띄고 있다. 가슴에서 내가 원하는 것이나 정보에 생각의 초점을 맞추면, 그 대상과 공명이 일어난다. 그러면 입자 간에 떨림이 일어나고, 그 입자의 떨림이 정보의 교환과 전달로 나타난다. 이를 활용해서 기존의 생각으로는 알 수 없었던 정보를 얻거나, 스스로 병을 치유하거나, 자신이 원하는 바를 효율적으로 이룰 수 있다.

가슴이 모든 것과 공명할 수 있다는 의미를 진정으로 안다면, 각자가 필요로 하는 모든 힘이 이미 자신에게 있다는 것을 알 수 있다. 가슴에서 자신만의 확고한 의향을 가지면, 생각의 초점이 바로잡히고, 자신이 원하는 변화를 이룰 수 있는 힘이 활성화되기 때문이다. 각자 일상에서 가슴과 의향을 활용해 작은 변화들을 맛보는 게 중요하다. 삶이 단단해지는 것을 경험할 수 있다.

심장에는 나의 본래 힘이 있다

심장은 영원히 꺼지지 않는 삶의 등불 역할을 한다.

심장은 가슴의 핵이다. 삶을 변화시킬 수 있는 힘을 갖고 있다. 심장의 박동 자체는 변화와는 관계가 없다. 중요한 것은 심장의 에너지다. 우리가 심장에 초점을 맞추고 심장의 에너지를 느낄 때, 삶을 변화시킬 수 있는 힘을 얻게 된다. 물리적 가슴이든, 소위 사람들이 말하는 영적 가슴이든, 심장은 가슴의 중심이다. 가슴과 심장을 따로 분리하는 것은 가능하지 않고, 그럴 필요도 없다. 우리가 심장을 느낄 때, 가슴의 기능과 역할이 활성화되는 것은 지극히 자연스러운 일이다. 그런데 사람들이 워낙 생각 속에 매몰되어 있다 보니, 심장의 역할에 대해서 생각하지도 못하고 심장을 느낄 기회도 없다.

심장은 온몸에 피를 보내고 순환하게 한다. 그리하여 몸의 구석구석에 산소와 자양분을 공급하고 우리가 지금처럼 살 수 있게 한다. 이것은 누구나 알고 있는 심장의 역할이다. 그러나 사람들이 모르는 심장의 역할이 하나 더 있다. 그것은 심장이 각 개인의 고유한 에너지를 증폭해서 내보내는 일이다. 심장의 이 역할이 있기에 사람들에게서 고유한 성격, 성향, 특징 등이 나오는 것이다. 심장에는 그 사람을 그 사람으로서 있게 하는 힘, 그 사람의 본래 힘이 있기 때문이다. 우리가 심장이 어떤 역할을 하는지 알면, 의향은 더 뚜렷해질 수밖에 없다. 심장이 그 의향을 더 확연히 증폭해서 내보내게 된다. 그러면 우리는 원하는 일들을 이루는 것이 훨씬 쉬워진다. 소위 운명을 바꿀 수 있다.

상당수의 사람들이 자신에 대해 모호한 태도를 갖고 있다. 자신이 무엇을 원하고 원치 않는지, 또한 무엇을 하고자 하는지 잘 모른다. 자신이 나름 뚜렷한 생각을 갖고 있다고 여기는 사람도 자신의 상태를 가슴에서 가만히 느껴 보면, 자신이 의외로 모호한 태도를 갖고 있다는 것을 알 수 있다. 사람들이 겉으로 드러난 모습만을 갖고, '나는 이러이러한 사람'이라고 알고 있을 때는 자신의 능력과 속성은 제한될 수밖에 없다. 그 이상의 것을 생각하기도 힘들다. 이러한 상황에서 사람들이 자신의 능력을 한층 뚜렷하게 할 수 있는 방법이 심장을 느끼는 연습을 하는 것이다.

사람들은 가슴으로 느껴 보라는 말을 많이 한다. 그러나 심장으로 느껴 보라고 할 때, 그 대상에 훨씬 집중하고, 우리에게 다가오는 정보의 깊이와 질도 다르다. 예를 들어 음악을 듣는다면, 그것을 각각 머리와 가슴으로 들어 본다. 그리고 그 둘의 차이를 비교해 본다. 머리로 음악을 들을 때는 음악이 별 감흥이 없거나 머리가 무거워지는 느낌을 받을 것이다. 가슴으로 들을 때는 음악이 훨씬 풍성하고 은은하게 다가온다. 그것이 지각되었다면, 이제는 심장으로도 음악을 한번 들어 본다. 그 소리가 풍성함을 넘어 심장 속에서 찰랑찰랑 울린다는 느낌을 받을 수 있다. 사용되는 악기나 연주자의 정서도 느낄 수 있다. 그것이 새로운 감동으로 다가온다.

심장은 영원히 꺼지지 않는 삶의 등불 역할을 한다. 우리가 유일무이하다는 것이 무엇인지 제대로 안다면, 우리의 심장 속에 있는 그 힘은 영원히 타오르는 생명의 불꽃, 삶의 불꽃이라는 것을 안다. 늘 따뜻하고 온화하게 우리를 감싼다. 우리가 심장을 느끼고, 심장으로 이 세상을 느끼는 연습을 할 때, 삶에 근본적인 변화가 찾아온다.

가슴을
활성화하는
세 가지 방법

심장을 느끼는 연습은

자신의 본래 힘을 일깨워 준다.

사람들에게는 각자 삶에서 바라보는 길, 가고자 하는 길이 있다. 이것이 우리가 본질적으로 갖고 있는 의향이며, 가슴속에 품고 있는 인생길이다. 생각에 사로잡혀 있을 때는 우리의 의향을 잊기 쉽다. 그것이 삶에서 갈증, 무기력, 공허함 등으로 나타난다. 가슴이 활성화되면 내가 존재한다는 것이 무엇인지 알고, 이 삶에서 가고자 하는 길도 눈에 띈다. 그 길을 담담하게 잘 걸어가게 된다. 가슴을 활성화하는 방법은 크게 세 가지가 있다.

첫째, '있다' 연습을 가슴에서 한다. 우리는 자신이 존재한다는 것을 모든 것과의 관계를 통해서 알 수밖에 없다. 땅이 있어야 땅을 딛고 서 있는 나를 알 수 있고, 공기와 바람이 있어야 숨을 쉬고 바람을 느끼는 나를 알 수 있다. 또한 어떤 사건이나 사람들이 있어야 그에 반응하는 내가 있다는 것을 알 수 있다. 이와 같이 '어떤 것이 있다.'는 것은 그와 관련된 모든 것들이 존재하기 위한 가장 기본적인 토대이다. 그래서 '있다' 연습을 많이 하다 보면 항상 기본으로 오게 된다. 다만 어떤 것에 대한 '있다' 연습을 하더라도, 그것의 존재를 꼭 지각하고 느끼면서 할 수 있어야 한다. 그러면 나의 존재가 뚜렷해지고, 점점 무한한 가능성 자체로서의 나가 다가온다. 나는 생각에 더 이상 휘둘리지 않는 상태가 된다.

둘째, 심장을 느끼는 연습을 한다. 심장에는 우리를 자기 자신으로서 존재하게 하는 힘이 있다. 심장을 느끼는 연습을 통해 심장이 활성화되고, 자신의 고유한 힘을 발휘할 수 있게 된다. 현대인들은 지나치게 생각을 자극하는 문화 속에서 살고 있다. 머리에 과부하가 자주 걸리고 감정적인 교란도 수시로 일어난다. 정신은 흔히 다른 곳에 가 있고, 호흡은 주로 목 부위에서만 깔딱거린다. 그것이 몸의 불편이나 질병의 요인이 되며, 삶에 각종 부조화를 일으킨다. 비단 가슴의 활성화를 위해서가 아니더라도 심장을 느끼는 연습이 삶을 건강하게 한다. 그럼, 어떻게 심장을 느끼는지 같이 연습해 보자.

먼저 가슴에 생각을 내려놓는다. 그리고 잠시 기다린다. 그러면 내가 평온해진다. 그것이 지각되었다면, '심장을 한번 느껴보겠다.'고 마음먹는다. 심장에 초점을 맞추고 심장의 박동에 집중한다. 오로지 심장의 박동에만 집중하고 심장의 에너지를 느낀다. 3분 정도. 심장의 박동을 듣는 것이 아니라 그것에 담긴 심장의 에너지를 느끼는 것에 유의한다. 심장의 박동이 처음에는 잘 느껴지지 않을 것이다. 희미하게 감지되는 것도 같지만 그마저도 느껴졌다 안 느껴졌다 하는 것이 반복된다. 그만큼 우리가 심장에서 멀어져 있었고, 심장의 힘을 어떻게 활용해야 하는지도 모르고 있다는 뜻이다. 이 연습을 자주 하다 보면 심장의 박동과 에너지가 점점 선명해진다.

간혹 우리는 태아의 심장소리를 청진기나 초음파 기기,

TV 프로그램 등을 통해서 듣는다. 그때 말로 표현하기 힘든 감동과 울컥함을 느낀다. 우리가 단순히 태아의 심장소리만 들었던 게 아니라, 그것에 담겨 있는 생명의 울림까지 느꼈기 때문이다. 그 생명의 울림은 지금 우리의 심장에서도 맥동하고 있다. 우리가 그 생명의 울림에 경건하게 "예" 할 때, 심장은 더 힘차게 뛴다. 이따금 삶에서 지치고 힘들 때 심장에 손을 대본다. 두 손을 포개어 심장에 대보는 것도 좋다. 심장의 묵묵함, 따스함, 평온함에 순간 울컥해질 수 있다. 마음도 금방 안정이 된다. 우리가 이 삶의 주인으로서 잘 살다 가기를 바라는 심장의 깊은 사랑이 느껴질 수도 있다. 심장을 느끼는 이 연습이 우리가 지닌 본래의 힘을 일깨워 준다.

가슴을 활성화하는 셋째 방법은 둘째 방법과 이어진다. 앞서 우리는 3분 정도 오로지 심장의 박동에만 집중하는 시간을 가졌다. 이제는 온몸의 세포 하나하나가 심장이라고 상상한다. 그리고 그 세포 하나하나의 박동에만 집중한다. 그리고 그 에너지를 느낀다. 2분 정도. 세포들의 박동이 잘 느껴지지 않겠지만 분명히 세포 하나하나가 박동하고 있다는 것을 알고서 집중한다. 그러면 미세하게 몸 전체가 떨리는 듯한 느낌을 받거나, 심장이 더 힘차게 뛰는 것이 느껴진다. 이 연습은 몸의 세포 하나하나가 각각의 심장으로서 공명하며, 결국 '온몸이 하나의 심장이구나!'라는 것을 알게 한다.

두 번째와 세 번째 연습은 오래 할 필요가 없다. 오래한다고 무엇이 더 향상되지도 않는다. 앞의 3분과 지금의 2분을 합한 5분이라는 시간 안에 이미 충분한 에너지 작용이 이루어진다. 다만 이 연습을 자주, 짧게, 지속적으로 해 주는 것이 중요하다. 그럴 때 심장이 삶의 중심 역할을 한다. 내가 인생의 중심으로서 있게 된다는 뜻이다. 나는 원하는 바를 의향을 통해 상당히 효율적으로 이룰 수 있다.

우리는 보통 일정한 시간에 밥을 먹는다. 심장을 느끼는 이 연습도 시간을 따로 정해서 가질 때, 심장이 삶의 중심 역할을 한다. 그저 시간이 주어진다면 하겠다는 자세로는 그렇게 되지 않는다. 내가 있음, 나의 존재를 느끼는 연습은 밥을 먹는 것 못지않게 중요한 일이다. 내가 존재해야 밥도 먹을 수 있기 때문이다. 최소한 3주 동안, 하루에 3번 정도는 정해진 시간에 연습해 보도록 한다. 그리고 이 연습을 하기 전과 후에 자신에게 어떤 변화가 있었는지 꼭 그 차이를 비교해 본다. 그 변화를 지각하는 것이 이 연습을 지속시키는 동력이 된다.

심장이 삶의 중심 역할을 할 때, 당신은 알게 된다. 심장이 바로 인류가 꿈에도 그리던 절대의 힘이 있는 곳이라는 것을….

모든 것은 하나의 장 안에 같이 있다

나의 생각이 다른 사람이나 이 세상과의 단절을 만든다.

우주의 모든 것은 커다란 하나의 자기장 안에 있다. 지구도 자체의 자기장을 갖고 있고, 지구에 있는 모든 사람, 동물과 식물, 지구에서 벌어지는 모든 일들도 지구의 자기장 안에서 하나로 묶여져 있다. 우리가 그 장을 벗어날 수는 없다. 그 자체가 가능하지가 않다. 모든 것이 하나의 자기장 안에 있고, 우리도 그 안에 같이 있다는 것을 알면, 모든 것을 그것으로서 존중할 수밖에 없다는 것도 알게 된다. 그 장 안에서 어떤 것을 부정하거나 배척하고 미워하면 우리는 불편을 느낀다. 우리가 지닌 자연스러운 에너지 흐름에 위배되거나 그것과 모순되기 때문이다.

이와 같은 사실들을 인지하면, 내가 다른 것과 분리되어 존재한다는 것이 근본적으로 불가능하다는 것 또한 알게 된다. 다른 사람과의 관계에서 그들을 부정하고 배척하려고 해봤자 오히려 나만 다치는 경우가 많다. 이러한 사실을 우리가 분명히 알고 있을 필요가 있다. 그러면 사람들은 자칫 존중을 '내가 모든 사람, 모든 것들과 사이좋게 지내야 한다는 것인가?'라는 것으로 오인할 수도 있다. 존중은 그런 것은 아니다. 내가 상대방과 사이좋게 지내는 것과 상대방을 존중하는 것은 전혀 다른 얘기다. 존중은 어떤 사람, 어떤 것의 모습이 그렇다는 것을 알고, 그 모습을 그대로 받아들이는 것을 말한다. 그것이 결국 나 자신을 존중하는 것이 된다.

사람들은 누군가가 산속에 들어가서 혼자 살면, 그 사람이 세상과 단절된 삶을 살고 있다고 생각한다. 또한 자신이 단절된 삶을 살지 않으려면, 다른 사람들과 사이좋게 지내고 교류를 지속해야 되는 것처럼 여긴다. 그러나 단절의 여부는 나와 다른 사람들과의 교류에 있지 않다. 내가 생각 속에 갇혀 있느냐, 그렇지 않느냐에 있다. 내 생각이 이 세상이나 다른 사람과의 단절을 만든다. 이 점을 분명하게 인식해야 외부로 시선을 돌리기보다는 내가 생각을 어떻게 사용하고 있는지 돌아본다. 내 생각의 오류가 보이고 그것을 고칠 수 있다.

모든 것이 하나의 장 안에 같이 있다는 것은 그동안 나에게 일어난 일들을 없는 것으로 할 수 없고, 내가 그것들에서 도망칠 수도 없다는 얘기다. 이 땅, 이곳에서 나의 문제를 해결해야 된다는 것이다. 그 방법이 "예"다. 나에게 일어난 모든 일을 겸손하게 받아들이고, 지금 나의 상황을 돌파하겠다는 확고한 의향을 갖는 것을 말한다. 내가 이러한 태도를 지니면, 모든 것은 하나의 장 안에 같이 있기에 나에게는 그와 공명하는 에너지가 흐른다. 나는 어떤 상황이든 그것을 효과적으로 돌파한다.

내가 나의 자리에
있을 때
인생의 방황은 끝난다

나의 자리는 가장 겸손한 자리인 동시에 가장 힘 있는 자리다.

모든 것이 하나의 장 안에 같이 있다는 것은 모든 것이 하나라는 뜻이다. 또한 모든 것의 중심이 각자한테 있다는 것을 시사한다. 모든 것이 하나이기에 나의 중심은 곧 모든 것의 중심이 된다. 사람들이 이따금 '세상이 나를 중심으로 돌아가는 것 같아.'라고 느끼는 것도 우연은 아니다. 내 인식의 초점이 얼마나 바로잡혀 있느냐에 따라 자신이 모든 것의 중심으로 서 있을 수도 있고, 아닐 수도 있다. 정확한 인식이 그것을 좌우한다. 우리가 어떻게 정확한 인식을 가질 수 있을까? 스스로 작아지는 법을 배우는 것이다. 내가 작아지면 내 인식의 초점도 내가 작아진 그곳에 맺힌다. 그리하여 내가 작아지고 또 작아져 무한히 작아진다면, 나는 무한히 깊은 인식, 가장 정확한 인식을 갖게 된다. 동시에 나의 본질이 무엇인지도 안다.

무한히 작다는 것은 개념이 아니다. 실재하는 힘으로서 있다. 오로지 지각과 느낌을 통해서만 그것의 존재를 감지할 수 있다. 몸을 떠나서는 자신의 본질이 무엇인지, 자신이 누구인지 알기 힘들다는 것이다. 우리가 무한히 작아질 수 있는 출입구가 심장에 있다. 내가 심장 속에서 어떤 것에 "예" 하면, 나는 "예" 한 그만큼 작아진다. 작아진 나의 그 모습을 심장 속에서 이미지로 지각할 수 있다. 예를 들어, 나를 지치고 힘들게 하는 생각에 "예" 하면, 그에 반발했던 생각은 뒤로 물러나고, 나는 그만큼 작아진다. 또 어떤 사건이나 누군가와의 관계에서 일어났던 일에 "예" 하면, 그것에 저항했던 생각은 뒤로 물러나고, 나는 그만큼 작아진다. 심장 속에서 나의 그 상태를 이미지로 느낄 수 있다.

이와 같이 지금까지 나에게 일어난 모든 일들에 대해 그때

그때 "예" 하는 명상을 하면, 나는 작아지고 또 작아져 무한히 작아진다. 그리고 어느 순간 내가 고요해진다. 깊은 평온과 평화가 찾아오기도 한다. 그것이 지각되었다면, 그 고요와 평온에도 또다시 "예" 한다. 그러면 나는 그 고요와 평온보다도 더 작아진다. 그리하여 생각이 아닌 곳, 아무런 상이 없는 곳, 순수한 있음만이 지각되는 곳에 다다른다. 그곳에는 무한한 힘만이 있다. 그곳이 지금의 나를 존재하게 하는 힘, 나의 본질이 있는 곳이다. 마침내 스스로 나의 본질을 지각하게 된 것이다.

나의 심장 속에 있는 무한히 작은 그곳은 나의 중심인 동시에 모든 것의 중심이기도 하다. 모든 것의 중심은 무한히 작다. 그렇기에 모든 곳에 있을 수 있고, 모든 것으로서 있을 수 있으며, 모든 것과 하나로 존재한다. 나의 심장 속 무한히 작은 그곳이 내가 있어야 할 곳, 가장 작은 자리, 나의 자리이다. 즉, 나는 무한히 작다. 그게 바로 나다.

나는 무한히 작습니다. 그게 바로 나입니다.

무한히 작은 나는 영원히 변치 않는 힘이다. 지금의 나에게서 일어나는 모든 것을 가능하게 하는 근원이다. 언제나 있었고, 지금도 있으며, 늘 모든 것과 하나로 있다. 이것이 유일무이하다는 말이 갖는 참 뜻이다. 내가 무한히 작다는 것을 알 때, 내 인식의 초점이 바로잡힌다. 나는 무한히 작은 이곳에서 인생의 대본을 다시 쓸 수 있고, 늘 새롭게 살아갈 수 있으며, 원하는 것을 가장 효율적으로 이룰 수 있다. 이곳은 가장 겸손한 자리인 동시에 가장 힘 있는 자리이기도 하다. 모든 것에 "예" 할 수 있는 사람, 생각을 온전히 내려놓은 사람만이 이를 수 있는 곳이다. 우리의 심장에 언제나 있는 그 힘을 '무한한 가능성 자체' 혹은 '사랑 그 자체'라고 한다. 이것이 우리의 본질이고, 우리가 지닌 본래 힘이다.

지금의 내가 무한히 작아져 이 세상의 모든 것을 가능하게 하는 힘에 경건하게 "예" 할 때, 우리는 자신의 본질과 공명하고 자신의 본래 힘을 활용할 수 있다. 인간으로 있을 때는 이러한 우리의 본질을 잊기 쉽다. 그래서 우리가 작아지고 또 작아지는 연습을 하는 것이 중요하다. 그러면 지금까지 나라고 알고 있었던 이 모습이 내가 아니라, 지금의 나를 존재하게 하는 힘이 나라는 것을 안다. 내가 이곳 나의 자리에서 생각에 대한 분명한 태도를 지닐 때 인생의 방황은 끝난다. 삶에 깊은 감사가 흐른다. 이 간단하고 당연한 길을 우리는 참으로 멀리 돌아왔던 셈이다.

에피소드

중독은 존중으로 치유된다

중독은 한 개인의 문제로 비춰지지만, 그 개인이 속한 가족, 나아가서 사회 전체의 차원에서도 볼 수 있어야 한다. 가족 내의 큰 상처가 한 개인의 중독으로 발전되는 경우도 있고, 사회의 불안이나 환경, 기업의 탐욕이 사람들의 중독을 부추기는 경우도 있다. 그것을 단순히 한 개인의 문제로만 치부한다면, 그 개인과 가족, 인간 사회에 역기능이 발생할 수 있다.

36년간 알코올 중독 속에 있었던 아버지로 인해 가족이 위험한 상황으로 내몰렸던 내담자가 있었다. 내담자의 아버지가 어머니를 심하게 폭행해 아들인 자신이 직접 아버지를 경찰서에 넘긴 경우였다. 저자는 내담자에게 지금 이 문제는 아들인 내담자가 풀 수 있는 게 아니라고 얘기해 주었다. 부모님 간에 일어난 일들에 자녀가 관여할 수 있는 부분은 극히 제한돼 있고, 지금의 상황은 부모님이 변하셔야 해결될 일이라고 말해 주었다. 그래서 가능한 한 부모님이 직접 오셨으면 좋겠다고 했다.

일주일 뒤 의뢰인의 어머니가 찾아오셨다. 어머니는 약간의 자폐 증세와 우울증이 있었다. 그것이 남편으로 인해 심화된 것도 있었겠지만, 그분의 친정 내력에 기인한다는 것도 분명해 보였다. 그 어머니가 사용하는 몇몇 단어와 문장에서 그것을 감지할 수 있었다. 저자는 가슴공명 요법을 활용하는 게 좋겠다는 생각이 들었다. 가슴공명 요법은 의뢰인의 내적 상태를 저자가 1인 대역으로 보여주는 방법이다. 가슴의 공명기능을 활용해 의뢰인의 에너지 장과 공명이 되면, 의뢰인이 필요로 하는 정보가 사이코드라마처럼 저자의 몸짓을 통해 펼쳐진다. 의뢰인은 그 모습을 보고 자신의 트라우마가 어디에서 연유하는지 알게 되고, 자신의 아픔과 고통을 스스로 치유할 수 있다.

어머니의 상태가 부군의 알코올 중독과는 직접 연관이 없다는 것이 가슴공명 요법을 통해 드러났다. 그래서 어머니의 증세가 근본적으로는 어디에서 연유하는 것인지 추가로 살펴보았다. 그분의 어릴 적 모습이 재연되었고, 친정 부모님에 대한 태도도 저자의 몸짓을 통해 표현되었다. 그분의 어릴 적 성향과 성격도 느낄 수 있었지만, 무엇보다도 친정 부모님의 어떤 일을 그분이 대신 짊어지려고 한다는 것이 나타났다. 어머니는 탄복했다. "아니, 어찌 이토록 선명하게 나의 내면의 모습이 선생님을 통해 드러날 수 있다는 말입니까? 정말 부정할 수 없을 정도로…." 당신의 인생 전반에 흐르는 죽음에 대한 동경을 스스로 이해하는 순간이었다.

사람들이 삶에서 겪는 많은 문제는 자신이 속한 가계家系에서 일어난 깊은 상처나 사건과 맞물려 있다. 그것을 본인이나 다른 사람이 표면적으로 알기는 힘들다. 그 상처가 제대로 해소되지 못할 경우, 그와 유사한 에너지가 있는 상대를 만나 또 다른 형식으로 그 아픔이 다시 불거진다. 의뢰인의 어머니 같은 경우에는 알코올 중독이 있는 남편을 만나서 자신의 내면에 잠복돼 있던 트라우마가 재현된 것이었다. 가슴공명요법을 통해 그분은 자신의 트라우마를 비로소 직면하게 되었고, 스스로 그 아픔을 해소했다.

일주일 뒤, 의뢰인의 아버지가 찾아오셨다. 민망해서인지 시선을 자꾸만 다른 곳으로 돌리셨다. 저자는 말씀드렸다. "아드님이 찾아와서 아버님의 알코올 중독에 대해 얘기했을 때, 제 가슴에는 이미 아버님이 계셨습니다. 아버님의 내면에 감춰진 어떤 사랑과 아픔을 제 가슴에서는 이미 감지하고 있었습니다."라고. 그리고 "아버님의 내면에 감춰진 그 모습을 가슴공명 요법을 통해 보실 의향이 있으신가요?"라고 여쭈어보았다.

저자의 몸짓을 통해 그분의 아버님이 술에 취해 흥얼거리며 비틀거리시는 모습이 나타났다. 그러다가 어느 길가에 엎어져서 죽어가는 모습이 재연되었다. 그 모습을 보고 있던 의뢰인의 아버지는 울고 있었다. 저자는 충분히 침묵 속에 있었다. 그리고 여쭈어보았다. "선생님의 아버님에게 무슨 일이 있으셨나요?" 의뢰인의 아버지는 자신의 아버님 역시 심한 알코올 중독으로 인해 집안에서 제외되다시피 하셨다고 했다. 그런데 어느 날 술에 취해 귀가하다가 그만 뚝방길에서 실족하여 비명횡사하셨다는 것이었다. 의뢰인의 아버지는 다시 한번 크게 흐느끼고 있었다.

가족은 우리 눈에 보이지 않는 커다란 하나의 에너지 장에 같이 있다. 그 에너지 장의 작용방식을 인간의 머리로는 도저히 알 수 없다. 분명한 것은 그 바탕에는 늘 사랑이 흐르고 있다는 것이다. 우리가 자신이 겪는 상황과 가족 내에서 일어난 일들에 대해 가슴에서 겸손하게 "예" 할 때, 기존의 방식과 시각으로는 해결하기 힘들었던 일들이 자연스럽게 해결되는 방향으로 흐른다. 일촉즉발 같았던 그 가족의 상황에서 각각의 가족 구성원들이 가슴공명 요법을 통해 드러난 사실들을 인지하고, 서로의 존재에 감사하는 법을 배우자 그 가족에게 놀라운 변화들이 일어났다.

상담 이후 6개월이 지난 시점에서 만난 의뢰인의 어머니는 가족들의 소식을 전했다. 36년간 남편을 괴롭혔던 알코올 중독이 어느새 남편에게서 사라졌고, 약간의 자폐 증세가 있었던 자신도 우아한 옷을 입고 사람들을 만나기 시작했으며, 아들도 얼마 전 유수의 기업에 취업했다는 것이었다. 무엇보다도 이전에는 찾아볼 수 없었던 화목함이 집안에 깃들어서 너무도 감사하다고 했다. 저자도 같은 사람으로서 그 얘기에 정말 감사하고 기뻤다.

한편의 시

가슴은 위대한 텃밭

그대
묵은 구름일랑 흘려보내고
새로운 꿈을 꾸어라.
그대의 가슴에서.

가슴은
모든 것이 가능한 텃밭.
그대의 모든 꿈을 이루어 주리니
그대만의 꿈을 꾸어라.

그대는 무한한 가능성 자체,
모든 것이 가능하리니.
그대 부디
실재의 씨앗을 뿌려라.

지나간 일은
이미 그것으로 완성되었느니.
사랑으로 놓아주어라.
그대는 가슴에서 존중의 씨앗을 뿌려라.

그 씨앗은
그대의 모든 꿈, 모든 눈물을 머금은
신비한 씨앗.
찬란히 꽃피워지리라.

10부

나, 어떻게 인생의 중심으로서 있을 것인가

우리가 생각과 동일시되면, 즉 생각을 나라고 여기면, 생각이 만든 상으로 세상을 대한다. 나와 다른 사람, 다른 것들과의 관계에서 분리가 강화되는 방향으로 흐를 수밖에 없다. 그리하여 나 이외에는 모든 것이 남이 된다. 자신이 생각 속에 갇혀 세상과 단절된 상태로 살아가고 있다는 것은 감지하기 힘들다. 삶에서 대립과 갈등이 찾아온다. 물론 이때의 나는 '알지 못하는 나'를 말한다. '알지 못하는 나'는 무엇을 알지 못할까? 자신이 생각과 동일시되었다는 것을 알지 못한다. 또 자신이 누구인지 알지 못한다. 모든 사람은 '알지 못하는 나'로서 살아간다.

'알지 못하는 나'를 인식했다는 것은 대단히 중요한 발걸음이다. 나의 현재 상태를 알 수 있고 동시에 모든 것을 가능하게 하는 힘도 인식된다는 뜻이다. 그만큼 나와 생각과의 동일시가 희석됐다는 의미이다. 내가 '알지 못하는 나'로서 있다는 사실에 흔들림이 없을수록 역설적으로 나는 모든 것을 가능하게 하는 힘으로서 있다는 사실에도 흔들림이 없게 된다. 나와 몸과의 동일시, 생각과의 동일시가 더 쉽게 풀린다. 이를 보다 효과적으로 돕는 것이 '무한히 작은 나'에 대한 인식이다. '무한히 작은 나'는 언제나 있는 나의 본질이다. 나에게 일어나는 모든 것을 가능하게 하는 힘으로서 나의 심장 속에 늘 있다.

내가 무한히 작다는 것을 알 때, 생각이 만든 상은 물러나고, 내 인식의 초점이 바로잡힌다. 나는 무한한 가능성 자체로서 언제나 있었다는 것을 안다. 지금까지 나의 힘을 가로막고 있었던 것이 생각의 활동이다. 생각의 활동은 생각이 환영을 만드는 행위로써, 내가 무한한 가능성 자체임을 알지 못하게 하는 모든 생각이 그에 해당한다. 구체적으로, 나를 자학하거나 해치며 죄책감에 들게 하는 생각, 나를 필요 이상으로 위축되게 하는 생각, 모든 것이 하나가 아니라고 하는 생각, 너와 내가 단순히 개별적인 속성만이 아니라 서로의 본질이 다르다고 하는 생각들이다. 다시 말해 생각의 활동은 우리가 생각하는 것보다 훨씬 광범위하게 삶에 영향을 미치고 있다.

생각의 활동을 방치하면, 우리는 생각 속에 갇혀 자신과 분리되고 이 세상과 단절된다. 그것은 자신의 존재를 스스로 부정하거나 자신의 고유한 힘을 잃는 것과 같다. 나의 상실, 나의 부재로 이어지게 한다. 그것이 그동안 우리를 여기가 아닌 다른 곳에 있게 했고, 우리에게 갈등, 혼란, 위축, 질병 등을 불러왔다. 생각의 활동을 허용하지 않는 이유는 결국 잃었던 나의 힘을 되찾기 위함, 내가 나로서 존재하기 위함이다. 생각을 내려놓는 것도, 몸을 지각하고 느끼며, 가슴에서 세상을 바라보는 것도 내가 나로서 있기 위함이다. 나의 존재가 굳건할 때 비로소 나의 힘을 발휘할 수 있다.

이 단원에서는 우리가 자신의 힘을 온전히 발휘하기 위해 알아야 될 것을 배운다. 또한 인생의 씨줄과 날줄은 무엇이고,

지금 인간 사회에 무슨 일이 일어나고 있는지 살펴본다. 끝으로 이 세상에서 가장 아름다운 사랑이 무엇인지 느껴 보는 시간을 갖는다.

생각은
문제 해결능력이
없다

생각을 심장에 온전히 내려놓으면,

새로운 길이 열린다.

우리가 힘을 제대로 발휘하려면, 이 세상이 완전하다는 것과 모든 것을 그것으로서 존재하게 하는 힘이 무엇인지 아는 것이 도움이 된다. 완전하다는 것은 '모든 것이 다 있다.'는 뜻이다. 이 세상에 온갖 안 좋은 것들과 아름답고 성스러운 것이 있는 것도, 어떤 현상이나 일이든 다 일어날 수 있는 것도, 기쁨과 슬픔, 성공과 실패, 삶과 죽음 등이 있는 것도 그 바탕에 완전함이 있기 때문이다. 그 완전함을 가능하게 하는 힘이 사랑이다. 사랑은 어떤 일이 내 마음에 들든 안 들든, 옳든 그르든, 선악이나 이분법적 가치와는 전혀 관계가 없다. 또 어떤 것이 실재하든 안 하든, 잠재력으로 있든, 그 모든 있음을 가능하게 하는 힘이고, 사랑은 그 모든 것과 하나이다.

이 세상 모든 것의 바탕에는 늘 사랑이 있다. 곧, 모든 사람은 사랑으로서 있다. 사랑 그 자체인 동시에 완전함 그 자체이다. 사람들이 완전함 그 자체로서 있기에 착각과 실수도 하고, 오해와 불신도 있으며, 사람들에게서 각기 다른 성향, 모습, 특징들이 나타날 수 있는 것이다. 또한 일반적인 인식을 훨씬 넘어선 힘을 발휘할 수도 있고, 소위 기적을 행할 수도 있다. 그 힘은 각자에게 있다.

생각은 사랑이 무엇인지, 완전함이 무엇인지 알지 못한다. 개념이기 때문이다. 개념의 한계를 넘어서는 것에 대해 생각이 아는 것은 가능하지 않다. 생각은 지각하고 느끼는 역할이 없다. 사랑과 완전함은 지각과 느낌, 실재와 존재, 공명의 영역이다. 생각을 내려놓을 때야 다가온다. 예를 들어 푸른 바다나 드넓은 대지를 바라볼 때 느끼는 정서, 비가 오거나 눈이 내리는 날의 뉘앙스는 생각으로는 알 수 없다. 또한 우리가 존재한다는 것이 무엇인지, 모든 것이 유기적인 관계 속에 있다는 것이 무엇인지도 생각은 알지 못한다. 그것은 모두 공명을 통해서 다가오는 것들이다. 가슴과 심장에 그 역할이 있다.

생각의 활동을 허용할 경우, 사람들은 필연적으로 생각이 만든 상에 갇힌다. 자신의 완전함과는 절연된 채, '나는 힘이 없다. 나약하다. 이 세상은 불완전하다.'는 생각의 오류를 당연한 진실처럼 여긴다. 그리하여 결핍과 불완전함의 가상공간 속에서 살아간다. 삶이 비교, 판단, 해석, 불안, 불만으로 가득 찬다. 자신이 생각 속에 갇혀 있다는 것을 알지 못한 채, 이 세상과 다른 사람들을 탓하거나, 자신이 옳다고 믿는 가치체계에 의해 실재하는 것들을 부정하고 배척한다. 삶에서 갈등, 전가, 분노, 위축이 반복된다. 이런 모습들은 내가 사는 삶이 아니라 생각이 사는 삶, 생각에 의한, 생각을 위한 삶이다. 사람들이 생각이 만든 환영의 지배를 받는 모습들이다. 그로 인한 고통과 아픔은 누구의 몫인가?

그렇다고 생각의 활동이 잘못됐거나 나쁜 것이라고 생각하는 것에 주의해야 한다. 이 책에서 자주 강조하는 얘기지만, 그런 생각을 갖는 순간 이중 락 상태에 빠진다. 또한 현실이나 실재에서 분리된 것이 우리를 고통스럽게 한다고 해서, 분리는 잘못된 것으로 인식하는 것도 조심해야 한다. 분리에 대해 조금이라도 부정적인 뉘앙스가 풍기는 태도를 갖는다면, 그 자체가 또 다른 분리를 만든다. 이 세상은 완전하다. 모든 것이 다 허용되는 곳이다. 우리는 생각의 활동이 늘 환영을 만든다는 것과 우리를 실재에서 멀어지게 해 고통스럽게 한다는 것을 분명히 알면 된다. 생각의 활동 자체도 존중할 수 있다면, 나아가서 나의 실수, 착각, 원망, 분노, 자책도 존중할 수 있다면, 생각의 오류를 고치는 것이 수월해진다.

겉으로 보기에 어떤 사람이 문제가 있어 보이거나 이 세상이 불합리하게 비춰질지라도, 그 자체로 완전하다는 것을 알아야 한다. '어떤 사람이 문제가 있다.' '이 세상이 불합리하다.'는 것은 생각이 바라보는 시각이고, 생각의 활동이 만든 문제이지, 실제 그 사람과 이 세상의 문제는 아니다. 가치판단의 영역에서가 아니라 모든 것이 존재하는 실재의 영역, 가능성의 영역에서 바라보면, 그것이 생각이 만든 상이라는 것이 분명해진다. 모든 사람, 모든 것이 완전하다는 것을 알고, 그 완전함에 흔들림이 없을 때, 내 생각의 오류가 보인다. 혼자 떠

듣고 해석하는 생각들이 보인다. 내가 생각과 동일시되었다는 것이 무엇인지 안다. 이것이 명확하게 다가올 때 자신과 이 세상과 다른 사람들을 정말 도울 수 있다.

우리는 모두가 무한한 가능성 자체로서 여기에 있다. 인간인 이상 '알지 못하는 나'에서 자유롭기는 힘들지만, 그렇다고 우리의 본질이 달라진 것은 아니다. 그 힘은 늘 그대로 있다. 우리가 지치고 힘들거나 무엇을 어떻게 해야 할지 잘 모르는 상황이라면, 단지 생각의 활동에 의해 그런 것일 뿐이다. 생각을 내려놓으면 새로운 길이 열린다. 심장에 생각을 온전히 내려놓고 생각의 활동을 허용하지 않도록 한다. 그리고 이 세상의 모든 것을 가능하게 하는 힘에 겸손하게 "예" 한다. 그러면 우리는 생각의 한계를 넘어서 이 세상과 공명한다. 진정한 자유는 자신이 스스로에게 주는 것이라는 것을 안다.

인생의 씨줄과 날줄

'어떤 것을 얻고자 하는가.'와 '무엇을 주고자 하는가.'는 인생의 씨줄과 날줄 역할을 한다.

우리가 인생의 결실을 제대로 맺으려면, 자신이 정말 원하는 것이 무엇인지 알아야 한다. 그것은 스스로 자신한테 진지하게 질문을 던져 보면 다가온다. 두 가지 질문이 필요하다. 먼저 내가 어떤 일을 하고 있다면,

"나는 이 일을 통해서 마지막에 어떤 것을 얻고 싶은가?"

라고 진지하게 질문을 해 본다. 그리고 심장의 박동에 집중하고 기다린다. 애써 머리로 답을 생각해 내려고 하지 않는다. 생각은 답을 알지 못한다. 답은 모든 것과의 공명을 통해서 다가오기 때문이다. 가슴에서 답이 떠오를 때까지 충분히 기다린다. 그러면 문득 다가오는 것이 있다. '아, 내가 이것을 원하는구나!'라는 것을 알게 된다. 답이 당장 떠오르지 않아도 괜찮다. 일상생활을 하다가 다가올 수 있다. 내가 얻고 싶은 것이 무엇인지 알았다면,

"그럼, 나는 이 일을 통해서
마지막에 무엇을 줄 수 있고, 또 무엇을 주고자 하는가?"

라고 진지하게 질문해 본다. 그리고 심장의 박동에 집중하고 기다린다. 그러면 역시 '아, 내가 이것을 주고 싶어 하는구나!'라는 것이 문득 다가온다. 첫 번째와 두 번째 질문을 통해서 알게 된 답이 내가 그 일에서 정말 원하는 것이다.

'어떤 것을 얻고자 하는가.'와 '무엇을 주고자 하는가.'는 인생의 씨줄과 날줄 역할을 한다. 이 두 질문을 통해서 내가 실제로 원하는 것이 무엇인지, 어떻게 행동해야 할지가 분명해

진다. 삶에 추동력이 생기고 인생의 방향성이 잡힌다. 꼭 스스로 질문을 던져 보고, 그에 대한 답을 느껴 보는 것이 중요하다. 내가 느끼지 않는 답은 남의 얘기이거나 개념의 영역을 벗어나지 못한다. 스스로 답을 느낄 때, 그것이 자신의 인생과 공명하고, 실제 그 일이 이루어지는 방향으로 에너지가 흐른다. 시간이 주어질 때마다 이 질문들을 던져 보고, 마음을 다잡기 바란다.

만일 내가 선생님으로서 수업을 진행하고 있다면, "나는 이 수업을 통해서 마지막에 어떤 것을 얻고 싶은가?"라고 진지하게 질문해 본다. 질문을 종이 위에 적고, 답이 쓰일 때까지 기다려 보는 것도 좋은 방법이다. 내가 이 수업의 마지막에 얻고 싶은 것은 아마도 돈, 명예, 기쁨, 보람 등이 될 것이다. 그것은 사람마다 다를 수 있다. 각자가 직접 느껴 보는 게 중요하다. 내가 원하는 것을 실제로 얻었다면, "그럼, 나는 이 수업의 마지막에 무엇을 줄 수 있고, 또 무엇을 주고자 하는가?"라고 진지하게 질문해 본다. 아마도 내가 줄 수 있는 것은 학생들에게 도움이 되는 인생 얘기나 자료, 이 수업과 학생들에 대한 깊은 감사와 사랑 등이 될 것이다. 이것이 내가 이 수업에서 정말 원하는 것들이다. 이것을 인식하고 수업에 임한다면, 나의 자세는 많이 달라진다.

부모와 자녀 간 혹은 부부간에도 이 질문을 던져 볼 수 있다. 예를 들어 "나는 내 생의 마지막에 부모님과의 인연을 통해서 어떤 것을 얻고 싶은가?"라고 진지하게 질문해 본다. 그 관계에서 내가 마지막에 얻고 싶은 것은 나에 대한 변함없는 신뢰, 존중, 사랑 등이 될 것이다. 그것을 얻었다면, "그럼, 나는 내 생의 마지막에 부모님께 무엇을 드릴 수 있고, 드리고자 하는가?"라고 질문해 본다. 아마도 내가 드릴 수 있는 것은 그동안의 인연에 대한 깊은 감사와 변치 않는 나의 신뢰, 사랑, 존경 등이 될 것이다. 이것이 내가 부모와 자녀로서의 인연 혹은 부부간의 인연을 통해서 얻고 싶고 주고 싶은 것들이다. 이것을 내가 평소에 알고 생활한다면, 부모님, 배우자, 자녀를 대하는 태도가 훨씬 실질적이 될 것이다.

이와 비슷한 질문들을 사실 우리는 일상에서도 이미 하고 있다. 평소 생각의 활동으로 인해 그것을 감지하지 못하고 있을 뿐이다. 예를 들어 우리는 물을 마실 때 그냥 물을 먹지는 않는다. 먼저 "나는 이 물을 통해서 어떤 것을 얻고 싶은가?"라고 은연중 질문을 던지고 있다. 그에 대한 답으로써 '갈증해소, 청량감' 등이 다가왔기에 물을 먹는다. 물과의 관계에서 내가 원하는 것을 얻었다면, 그럼, 나는 물에게 무엇을 줄 수 있는가? 각자 그것을 느껴 보기 바란다. 다른 사람과의 관계나 돈, 몸, 생각과의 관계에서도 이 질문을 던져볼 수 있다. 무엇보다 나 자신한테,

"나는 이 삶에서 마지막에 어떤 것을 얻고 싶은가?
그리고 나는 이 삶에 무엇을 줄 수 있고, 주고자 하는가?"

라고 진지하게 질문해 본다. 위의 질문들을 통해서 나는 무엇이 나를 위태롭게 하는지 금방 감지할 수 있다. 자연스럽게 내가 원하는 것들을 이루는 방향으로 나아간다. 삶은 점점 윤택해지고 안정되게 흐른다. 이 질문에 대한 답을 생각이 방해한다면, "나는 생각을 존중하되, 그것의 활동을 허용하지 않겠습니다."라고 말한다. 나의 의향과 의지가 굳건해지는 것을 느낄 수 있다.

인간 사회에 일종의 정신병이 돌고 있다

생각의 초점을 바로잡을 때,
생각의 지배에서 자유로워질 수 있다.

우리가 조금만 주의를 기울여도 인간 세상에 커다란 위기가 다가오고 있음을 느낄 수 있다. 사람들이 전자게임, 스마트폰, 가치판단을 조장하는 유튜브 영상들에 빠져들고, 사행성이 있는 것들을 쫓느라 여념이 없다. 많은 기업들이 자신의 제품으로 인간을 중독 시켜야 살아남는 구조다. 온갖 현란한 광고로 인간을 세뇌시킨다. 산꼭대기라도 고주파가 안 터지는 데가 없고, 썩지 않는 플라스틱과 온갖 생활쓰레기로 지구촌은 몸살을 앓는다. 환경 재난과 전염병은 수시로 일어나며, 기이한 사건사고가 인간 사회를 뒤덮는다. 가짜뉴스와 사기와 속임수가 난무하고, 치매와 자폐는 눈에 띄게 늘고 있다. 사람들은 이유를 알기 힘든 각종 정신적인 장애로 고생하고, 원망, 무기력, 분노, 증오가 그득하다. 인간 세상에 도대체 무슨 일이 일어나고 있는 것일까? 일종의 정신병이 인간 사회에 퍼지고 있는 현상이다. 인간이 미쳐가는 현상이라고도 할 수 있다.

현대 문명의 특징 중에 하나가 파괴다. '나는 살아야 되고, 내 이익을 위해서 너는 죽어도 상관없다.'는 식이다. 소위 선진국이라는 나라들이 말하는 평화, 안전, 번영, 화합이라는 메시지 뒤에는 '우리가 먼저 살고 봐야지.'라는 생각이 늘 있다. 그곳에 진정한 화합이란 없다. 그저 겉으로 드러나는 구실 좋고 허울 좋은 명분만이 있을 뿐이다. 정말로 세상의 화합을 생각하는 나라가 있을까? 모든 나라는 자국민을 보호한다는 명분하에 이기적이 될 수밖에 없다. 그것은 '너와 나는 다르다.'는 생각에서 비롯된다. 너와 나는 다른데, 서로의 이해관계가 맞을 때만 화합인 거지, 이해관계가 상충하는 문제에서는 화합이 있을 수가 없다. 그것은 사람들 간의 관계에서도 마찬가지다.

사람들은 자신의 욕구를 충족하고 물질적 풍요를 이루기 위해 동분서주한다. 어떤 것을 더 성취하고 갖기 위해서다. 그러면 인간은 자연 질서를 파괴할 수밖에 없다. 인간의 자연 파괴는 이미 예전부터 제기되어 왔던 문제지만, 그것이 감소되지 않고 점점 더 늘고 있다는 것이다. 인간은 힘이 더 세지기 위해서라면 어떤 수단이라도 써서 그렇게 되려고 한다. 그 결과에 대해서는 '나도 몰라.'다. 내가 그것을 통해서 목적을 이루고 잘살기만 하면 된다고 생각한다. 물론 근시안적인 생각이다. 그럴듯하게 보이겠지만 결국 자신한테 부정적인 영향을 미치는 일이 생기기 마련이다. 그것이 이유를 알기 힘든 정신교란, 사건사고, 질병일 수 있다. 모든 것은 하나의 자기장 안에 같이 있기에 발생하는 일이다.

조류독감, 구제역, 돼지열병, 코로나19 등도 그 이면에 인간의 탐욕, 이기심, 불안이 있다. 그것이 생기는 진원지는 각기 다르지만 그 원인은 같은 것들이다. 그러한 병이 가축에게 발생했을 때, 인간은 그 동물들을 산 채로 매장해 버린다. 살아 있는 인간이 전염병에 걸렸다고 해서 그렇게 땅에 묻어서 죽이지는 않는다. 그런데 같은 생명체라도 동물이면 인간은 그렇게 해 버린다. 인간이 아니라는 이유로…. 특히 인간을 위협하는 것에 대처하는 인간들의 태도가 상당히 공격적이고 파괴적이다. 자신에게 위협이 되면 다른 생명체를 죽이는 게 정당화된다. 공생의 입장이 아니라 '내가 살아야 되니깐 너희들은 죽어라.'는 것이다. 그 대상이 누구든, 어떤 결과가 나오든 신경 쓰지 않는다.

이와 같은 인간의 태도가 향하는 곳은 어디인가? 인간의 극심한 정신교란, 갈등, 전가, 분노, 파괴다. 결국 인류의 공멸이다. 사람들이 생각과 동일시되어 있는 한, 그리하여 이분법적 가치와 생각의 활동이 득세하는 한, 인간의 이러한 행위는 멈춰지지 않는다. 이런 상황에서 우리가 할 수 있는 것은 무엇일까?

그저 "예"다.

지금 인간 사회의 현실과 자신의 상황에 대한 말없는 침묵이다. 그리고 각자 자신의 생각의 초점을 바로잡는 것이다. 생각의 한계를 분명히 인식하고 생각을 내려놓으며, 가슴에서 이 세상을 바라보고 느끼는 연습을 하는 것을 말한다. 그러면 점점 생각이 제 자리를 찾고 나와 생각과의 관계가 바로잡힌다. 생각의 지배를 받는 삶에서 내가 인생의 주인으로서 있는 삶으로 올 수 있다.

나 역시 수많은 사람들 중에 한 사람으로서 있다는 것을 아는 것이 내가 여기에 있기 위한 첫걸음이다. 그러면 나는 겸손하게 세상을 바라본다. 저기 보이는 사람이 나와 다르지 않고, 저기 보이는 것들이 나와 별개로 있지 않음을 안다. 나는 조용히 나의 자리에서 내가 할 수 있는 일들을 하며, 나의 이 삶과 다른 이의 그 삶을 존중한다. 그것이 나 자신과 이 세상을 위하는 일이라는 것을 안다.

이 세상에서 가장 아름다운 사랑

내가 스스로 서는 사랑은 나 자신을 위한 사랑이기도 하고, 인류를 위한 사랑이기도 하다.

태풍의 눈은 고요하다. 주변으로는 일진광풍이 몰아친다. 그러나 태풍의 눈과 주변의 일진광풍은 하나다. 태풍의 눈이 있기에 주변의 일진광풍이 있을 수 있고, 태풍의 일진광풍이 있기에 태풍의 눈은 태풍의 눈으로서 존재할 수 있다. 우리가 스스로 서는 것도 이와 같다. 우리는 모든 것들과의 관계 속에서 존재한다. 이 세상의 모든 것이 없으면 지금의 나도 이렇게 존재할 수 없고, 지금까지 나에게 일어난 모든 일들이 없었다면 지금의 내가 이와 똑같이 존재할 수가 없다. 어떤 일이 마음에 들든 안 들든 아무런 상관이 없다. 이 세상과 나에게 일어난 모든 일을 그것으로서 존중하고 받아들일 수 있느냐가 내가 나로서 존재하기 위한 관건이다.

인간 세상은 고장 난 생각의 천국이라고 할 수 있다. 수많은 생각의 오류가 당연한 진실인 양 판을 치고 있는 곳이다. 디지털 문명의 발달과 더불어 생각의 활동은 더욱 기승을 부리고, 각종 기기에서 발산되는 전자기파는 사람들의 신경을 곤두세운다. 사람들은 영문을 알기 힘든 우울, 분노, 불안, 위축으로 고생한다. 적지 않은 사람들이 자살과 같은 극단적인 상황으로 내몰리기도 한다. 이러한 삶에 반전이 일어나기 위해서는 우리가 작아지는 법을 배울 수 있어야 한다. 작아지면 우리는 오히려 힘을 얻는다. 사람들이 더 이상 잃어버릴 것이 없을 때, 막다른 길에 다다랐을 때, 극한 힘을 발휘하는 것도 우연이 아니다.

힘은 멀리 있지 않다. 늘 가까이에 있다. 내가 설령 실수, 착각, 오해를 했을지라도, 본의 아니게 누구한테 큰 피해를 줬거나 처절한 실패를 맛보았을지라도, 그러한 나를 내가 존중하고 받아들일 때 나는 힘을 얻는다. 이렇게 숨을 쉬고 밥을 먹고 길을 걸을 수 있음에, 가까운 주변 사람들이 있고, 작고 조그마한 일이나마 내가 할 수 있는 일들이 있음에 감사할 때, 나에게는 힘이 생긴다. 아침에 일어나 창문을 열고 세상을 지각하고 느끼며, 저녁에 하루를 정리하고 잠들 수 있음에 감사할 때, 우리는 힘이 생기는 법이다. 이와 같은 모습만으로도 우리는 어느새 고요한 태풍의 눈 속으로 들어와 있다.

우리가 좀 더 실질적인 힘을 얻으려면 가슴을 활용할 수 있어야 한다. 가슴은 모든 것을 담아낼 수 있는 순수한 도화지와 같고, 모든 것과 하나로 울리는 맑은 호수와 같다. 우리의 꿈을 이루어 줄 수 있는 힘을 갖고 있다. 가슴에서 내 생각이 실재와 존재에 기반해 있는지 돌아보며, 나의 확고한 의지를 다진다. 또다시 실수하고 넘어질지라도, 그러한 나의 모습에 "예" 한다. 내가 이러한 상태가 되면, 나는 크고 거창한 일에 관심을 갖지 않는다. 다른 사람의 인생에 함부로 기웃거리지도 않는다. 나 자신한테 집중한다. 내가 살아오면서 미진했던 것들, 소홀했던 것들을 돌아보고, 나의 상처와 아픔을 치유한다. 그것이야말로 내가 이 삶에서 정말 해야 할 일들이라는 것을 안다.

나아가서 심장에서 나의 존재를 지각하고 느끼는 연습을 한다. 그럴 때 삶의 중심이 나 자신한테 형성된다. 나는 어떤 상황이든 그 상황을 돌파할 수 있다. 이따금 심장 속에서 스스로 작아지는 명상도 한다. 나를 지치고 힘들게 하거나 얽맸던 일에 "예" 하면, 그것을 유발한 생각은 뒤로 물러나고 나는 그만큼 작아진다. 이와 같이 나에게 일어난 모든 일들에 대해 그때그때 "예" 하면, 나는 작아지고 또 작아져 무한히 작은 곳에 이른다. 그곳은 아무런 생각이 없는 곳, 무한한 힘만이 있는 곳이다. 마침내 내가 나한테 이른 것이다. 내가 이곳에 초점을 맞출 때, 인생의 방황은 끝난다.

나의 심장 속에 있는 무한히 작은 그곳은 모든 것의 중심이기도 하다. 영원히 변치 않는 힘이 있는 곳이다. 인간으로 살아오면서 생긴 모든 상처와 아픔은 이곳에서 다 녹아내린다. 나는 이곳, 가장 작은 자리, 나의 자리에서 인생의 중심으로서 있는다. 중심에서 일어나는 변화는 단지 개인의 일로만 그치지 않는다. 모든 것과 공명한다. 내가 이곳에서 나 자신과 이 세상을 위해 내딛는 발걸음은 미세할지라도 전체의 변화로 이어진다. 이것이 바로 내가 스스로 서는 사랑이다. 내가 스스로 서는 사랑은 나 자신을 위한 사랑이기도 하고, 인류를 위한 사랑이기도 하다. 이 세상에서 가장 아름다운 사랑이다.

당신은 언제나
완전함 그 자체로서 있었다

사랑은 언제나 늦는 법이 없습니다.

나는 다시 시작합니다.

인간에게 있어서 삶은 커다란 하나의 받아들임이고, 죽음은 커다란 하나의 내려놓음이다. 이러한 삶의 여정에서 우리가 지녀야 할 가장 기본적인 자세가 있다. 그것은 이 삶이 나와 함께 있음에 감사하는 것이다. 지금 나의 삶에 감사함이 없는 것은 그동안 내가 걸어왔던 모든 길에 감사함이 없는 것과 같다. 지금의 당신은 과거의 당신과 다르지 않고, 삶은 전체가 하나로 있기 때문이다. 당연히 "이렇게 살기 싫어요. 이런 상황에서 어떻게 감사합니까?"라고 말할 수 있다. 지금 내가 처해 있는 상황과 나의 현실에 대한 불만이다. 물론 그렇게 불만을 가져도 된다. 분명히 그 역시 사랑이다.

하지만 지금 나의 상황을 다르게 바꾸고 싶다면, 그동안 내가 걸어왔던 길에 대한 감사는 가슴 한편에 담아둘 수 있어야 한다. 그것이 삶을 변화시키는 씨앗 역할을 한다. 지금의 내 상황을 받아들이지 못하는 상태에서 다른 변화를 시도하는 것은 자칫 현재의 삶을 부정하는 게 되기 쉽다. 그것은 미래에 자신의 삶을 다시 부정하는 것으로 이어지게 된다. 그 사람은 미래가 어떻게 변하든, 미래에 자신의 삶을 또다시 부정하게 되어 있다. 어떤 것이 그것으로서 받아들여지지 못한 에너지는 그에 상응하는 일로 다시 되풀이될 수밖에 없기 때문이다. 그렇기에 더더욱 내가 어떤 삶을 살아왔든, 이 삶이 나와 함께 있음에 감사하는 것은 삶에서 가장 기본적인 자세가 된다.

당신의 삶은 그냥 주어진 게 아니었다. 당신이 원한 삶이었고, 당신이 행동하고 이루었으며, 당신에 의해 펼쳐진 것이다. 당신의 삶이 너무도 고달프고 힘들었을지라도, 또 당신이 정말로 지친 상태에 있을지라도, 잠시 생각을 내려놓고 형식적이나마 "예" 할 수 있다면 좋다. 억지로 "예" 하는 것도 괜찮다. 마음이 좀 추슬러지면, 다시 한번 당신의 그 삶에 조용히 "예" 해 본다. 마음이 한결 편해질 것이다. 당신은 고생하기 위해 이곳에 온 것이 아니다. 누구한테 머리를 조아리려고 온 것도 아니다. 당신이 이 삶의 주인으로서, 주체로서 살기 위해 온 것이다. 그것은 당신이 당신의 삶에 "예, 내가 원했습니다." 라고 말할 때 완성된다. 그러고 나서 다시 시작하면 된다. 사랑은 언제나 늦는 법이 없다.

당신은 한 개인으로서만 살아왔던 것이 아니다. 늘 전체와 하나로 공명하고 있었다. 당신이 하나의 나뭇잎으로서 나무 전체를 완성했고, 바닷가 모래알로서 바다 전체와도 하나로 있었다는 것을 알게 되면, 당신이 걸었던 그 길은 비로소 찬란하게 빛난다. 당신은 언제나 완전함 그 자체로서 있었다. 당신에게 일어난 모든 일들은 당신이 스스로 그 완전함을 체득하기 위한 과정이었다고도 할 수 있다. 당신이 걸었던 길, 그 가슴 시린 인생길은 당신이 아니었다면 누가 그렇게 똑같이 걸을 수 있었겠는가? 또한 당신이 그 삶을 받아들이지 않으면 누가 그것을 받아들일 수 있겠는가? 내가 나의 삶을 존중하고, 이 삶에 "예" 할 때, 이 땅에 나만의 사랑이 그윽하게 피어오른다.

인생이라는 산에는 높낮이가 없다

나는 모든 이의 삶에
"예" 합니다.
모든 이의 죽음에도
경건하게 "예" 합니다.

내가 다른 이의 삶을 존중하지 않고,
어찌 나의 이 삶을 존중할 수 있겠습니까?
내가 다른 이의 죽음에 예를 갖추지 않고,
어찌 나의 죽음에 예를 갖출 수 있겠습니까?

인생의 무게는 모두가 같습니다.
한 해를 살다 간 아이나
노숙자로 생을 마감한 사람이나
부와 권력을 가졌던 사람이나
모두는 각자 자신의 삶을 살다 간 것입니다.

어느 누구도,
어느 누구의 삶과 죽음도,
더 높거나 더 낮지 않습니다.
인생이라는 산에는 높낮이가 없습니다.

각자 인생이라는 산을 올랐고,
각자 인생이라는 산을 내려온 것입니다.
그 누구의 삶도, 그 누구의 죽음도,
그대로 옳지 않은 게 없습니다.

나는 모든 이의 삶과 죽음에
"예" 합니다.
나의 삶과 죽음에도
경건하게 "예" 합니다.

11부

치유와 변화 사례들

치유와 변화는 언제나 존재의 존중에 기반한다.

이 단원에서는 지금까지의 내용을 간단히 요약하고, 치유와 변화에 관련한 사례들을 소개한다.

우리가 삶에서 겪는 문제는 단순히 나와 다른 모든 것들과의 관계에서 일어나는 일이다. 그 관계를 맺어주는 역할을 하는 것이 생각이다. 내 생각에 오류가 있다면, 나는 어떤 대상과의 관계에서 고통이나 아픔을 겪게 될 것이다. 그런데 우리에게는 우리가 생각하는 것보다 훨씬 많은 생각의 오류가 있다. 그것이 감정과도 결합되어 있어서 복잡하다. 때로는 생각의 오류와는 상관없이 운명이라고 말할 수밖에 없는 일들도 일어난다. 이와 같은 상황을 우리가 어떻게 효과적으로 응대할 수 있을까?

일단 "예"다.

나에게 일어난 일을 그대로 받아들이는 것이다. 그럴 때 생각의 오류로 인한 에너지 저항이 최소화된다. 나의 현실이 보이고, 내가 어떻게 행동해야 할지 안다. 그다음은 생각이 만든 개념의 세계에서 실재의 세계로 오는 것이다.

실재는 실제로 존재하는 것이기에 이론의 여지가 없고, 단순하고 명확하다. 우리는 그것을 몸으로 지각하거나 알아차릴 수가 있다. 또한 실재는 늘 생각보다 우선한다. 어떤 것이 있어야 그와 관련된 모든 생각들이 존재할 수 있기 때문이다. 실재에 기반하지 않는 생각, 다시 말해 몸을 기반으로 지각하고 느끼지 않는 모든 생각은 환영이다. 기대, 예상, 가정, 가치판단, 남의 권위나 정보에 기초한 생각들이 그렇다. 이런 생각들은 머릿속에서만 활동한다. 그 생각에 따라 행동할 때, 실재와 분리되고 현실에서 고통과 아픔을 겪는다. 어떤 문제로 고생한다면 생각을 내려놓고, 실재의 세계로 오면 그 문제를 효과적으로 해결할 수 있다.

우리의 생각이 실재에 기반하도록 돕는 것이 언어침술 문장과 의향이다. 언어침술 문장은 사물과 현상에 대한 본질적 통찰을 바탕으로 만들어진 짧은 문장이다. 그 자체가 실재와 존재에 기반해 있다. 우리의 생각과 감정에 질서를 잡아주는 역할을 한다. 의향은 삶의 원동력으로서 생각의 초점을 바로잡아 주고, 우리가 원하는 변화를 이룰 수 있게 한다. 언어침술 문장과 가슴에서 분명한 의향을 통해 초점이 바로잡힌 생각은 우리를 치유나 변화로 이끈다. 그것이 미세하나마 주변 사람들의 변화로도 이어진다. 가슴이 지닌 공명기능 때문이다.

치유와 변화는 언제나 존재의 존중에 기반한다. 모든 것은 하나로 울리기 때문이다. 생각의 초점을 바로잡는다는 것도 존재에 대한 존중이 확고해진다는 것과 별반 다르지 않다. 그럴 때 상대방이나 이 세상과의 공명이 일어나고, 치유나 변화가 이루어진다. 다음의 사례들은 생각의 오류가 바로잡히고,

존재에 대한 존중이 삶의 바탕에 흐를 때, 자신과 주변 사람들의 삶에 어떤 변화가 일어나는지 잘 보여 주고 있다.

구부정했던 등이 펴졌어요!

사람들은 변화를 갈망하면서도 동시에 은근히 변화를 두려워한다. 그래서 실제 치유나 변화로 이어지기가 힘들다. 이러한 상황에서 '있다' 연습은 우리를 위축시키거나 두렵게 하지 않으면서 치유와 변화로 이끈다. 다음은 워크숍에 꾸준히 참석하셨던 분이 '있다' 연습을 한 이후의 변화를 보여 주는 워크숍 후기다.

"그동안 워크숍에 참석하면서 그전과 지금의 생활을 비교해 보니 참 많은 변화가 있었다. 워크숍에서 배웠던 여러 가지

중에 특히 '있다' 연습은 간편하면서도 즉시 내 일상에 적용될 수 있었다. 자주 하게 되는 연습인 만큼 삶이 점점 더 가벼워졌고, 삶에 대한 나의 태도도 달라져 갔다. 불필요한 일에 에너지를 덜 쏟게 되면서 내가 하고 있는 일에 더 집중할 수 있게 되었다. '이 순간을 살아라. 이 순간에 집중하라.'는 말을 어느 책에서 읽었을 때, '정말 그랬으면 좋겠다.'는 생각을 했었다. 하지만 그것을 어떻게 실행해야 하는지는 분명하지 않았다.

'있다' 연습은 그것이 어떻게 가능한지 알려 주었다. 내 일상에서 접하는 모든 사람, 모든 것들이 '있다'는 것을 지각하는 연습이 결국 그때그때 삶에 집중하는 것과 같았다. 따로 집중하려고 애쓸 필요도 없이 그냥 절로 되었다. 어느새 긴장되었던 어깨가 내려갔고, 깊은숨이 자주 쉬어졌으며, 부산했던 생각도 잠잠해져갔다. 내가 그동안 몸에 얼마나 불필요한 힘을 많이 주며 살아왔는지, 잡다한 생각들이 얼마나 머리를 무겁게 했는지 알 수 있었다. 건조한 삶이었고, 생각에 갇혀 살아왔던 삶이었다. 가슴은 거의 잠들어 있었고, 자꾸만 뒤를 돌아보는 삶을 살았다. 겉으로 보기에는 성실하고 열심히 살고 있는 듯했으나, 속에서는 다른 곳을 바라보며 내 삶을 살고 있지 않았던 것이다.

워크숍에 자주 참석을 하면서도 사실 '있다' 연습은 부지런히 하지 못했다. 깜박 잊고 넘어간 날이 훨씬 많았다. 그러던 어느 날 아침에 물을 마시던 중, 문득 워크숍에서 배웠던 '있다' 연습을 해 보자는 생각이 들었다. 소리를 내서 "물이 있다. 내가 물과 함께 있다."고 말하고 물을 마셨다. 갑자기 물맛이 확 달라졌다. 이것이 불과 몇 초 전의 물과 같은 것인가 싶을 정도였다. 물맛이 한결 풍부하고 부드러웠다. 놀랍고 신기했다. 물이 변했는지 내가 변했는지 모르겠지만, 아마 둘 다라고 생각한다. 그날 이후 나는 늘 물이 있음에 감사하며 맛있는 물 한 잔으로 하루를 기분 좋게 시작한다. 이 경험으로 그때까지 좀 소홀했던 '있다' 연습에 노력을 기울이게 되었다.

내가 오전에 하는 산책은 하루 중 '있다' 연습을 집중적으로 하는 때이다. 나무, 하늘, 구름, 풀은 물론 몸의 여러 기관들과 세포를 지각하면서 '있다' 연습을 한다. 심장, 폐, 간, 소장, 대장, 다리, 뼈, 피 등 되도록 많은 몸의 부분들을 하나하나 지각하려 애쓴다. 이 세상의 많은 것들을 보고, 듣고, 맛볼 수 있다는 것이 감사하다. 이 감각기관들이 있어서 내 삶이 이렇게 풍부하고, 이 세상의 다양함을 지금처럼 경험할 수 있다. 눈이 어떻게 생겼고, 코가 어떻게 생겼다는 말들은 더 이상 그렇게 중요하지 않았다. 그저 신체의 각 부위가 있다는 것 자체가 고맙고, 그 각각이 자기 역할을 잘 해 주고 있다는 것이 감사했다. '있다' 연습을 알기 전에는 몸이 있어도 정작 몸이 있는 줄 모르고 살았다. 요가를 몇 년 동안 취미로 한 적이 있었는데, 그때도 몸의 동작에만 주로 집중했었다. 그런데 '있다' 연습은 정작 내가 몸이 있다는 것 자체에는 무관심했다는 것을 일깨워주었다. 새삼 몸에게 미안했다.

'있다' 연습을 한 지 어느덧 일 년이 지났다. 이 연습 덕분인지 이제 막 50이 된 나이지만 딱히 몸이 불편한 곳은 없다. 더욱이 몇 개월 전에는 구부정했던 등도 펴졌다. 어머니는 가끔 내 등을 보며, '네 친할머니가 등이 좀 굽으셨었어.'라고 말씀하셨다. 내가 어렸을 때 돌아가신 할머니이기에 나는 할머니의 모습에 대한 기억이 없다. 그런 할머니처럼 나도 등이 좀 구부정하다고 하니 약간 속상하기도 했다. '키도 작은데, 하필이면 그런 거까지 물려받았네.'

약간 구부정한 등의 자세를 교정해 보려고 일부러 가슴을 펴면서 걷기도 했고, 누가 위에서 나의 어깨를 잡아당긴다고 상상하며 걷기도 했다. 알게 모르게 가슴 한편에 늘 구부정한 등에 대한 스트레스가 있었다. 이렇게 해봐도, 저렇게 해봐도 그때뿐이었다. '이래서 자세교정센터 같은 곳에 가서 도움을 받나 보다.'라는 생각도 들었다. 하지만 어느 날 뜻밖의 일이 일어났다. 여느 때와 같이 오전 산책을 나갔다. 산책 중에 갑자기 땅에 마음이 갔다. '땅이 있다.'는 연구소 소장님의 말씀이 떠올랐다. 몇십 년 동안 그저 당연한 것으로 여기며 걸어 다녔던 땅을 지각하며, 문득 땅에 대한 고마움이 들기 시작했다. 그래서 "땅이 있다. 내가 땅과 함께 있다."라고 말하며 걸었다. '한 번도 땅을 이렇게 제대로 느끼면서 걸은 적이 없었다니….'

나는 땅을 생전 처음 밟아보는 사람이라도 된 것처럼, 신발에 닿는 땅의 느낌이 새로워서 땅을 꾹꾹 밟으면서 걸었다. '내가 아이 때 처음 걸음마를 시작했을 때도 이런 느낌이었을까?' 그렇게 몇 분을 걷고 있었는데, 상체가 조금 전과는 다르다는 느낌이 들었다. 누군가 내 등을 나도 모르게 펴준 것 같았다. 그때 마침 아파트 단지 안을 걷고 있었기에 건물 입구의 유리에 비친 내 모습을 볼 수 있었다. 나는 꼿꼿하게 잘 걷고 있었다. 이렇게 손쉽게 자세교정이 될 수 있다는 것이 의아하기도 했고 놀라웠다. 이제는 구부정했던 등에 더 이상 스트레스를 받지 않고 잘 걸어 다닌다. 나는 가능하면 걷는 동안 언제든 땅을 지각한다. 땅이 있다는 것에 고마워하며.

'있다' 연습을 많이 하면 삶에 도움이 된다고 해서 시작했지만, 나 스스로 정말 그렇다는 것을 체험하면서 이 연습을 지속하는 동력이 됐다. 이 쉬운 인식 하나만으로도 힘이 생기고, 내가 원하는 삶을 살 수 있다니 이 얼마나 큰 축복인가 싶다."

공황장애야,
고마워

공황장애로 많은 고통을 겪던 40대 여성분이 계셨다. 사람들을 만나기도 힘들었고 외출을 하는 것도 두려워했다. 그런데 지금은 사람들을 잘 만나고 등산도 자주 한다고 한다. 무엇보다 자신이 스스로 선다는 것이 무엇인지 조금씩 다가온다고 했다. 부모님이나 남편과의 사이도 좋아졌고, 약간의 틱장애를 앓던 딸도 신기하게 증상이 사라졌으며 학교생활을 주도적으로 잘한다고 한다. 상담을 계기로 의뢰인은 저자가 주관하는 워크숍에도 꾸준히 참석하셨다. 다음은 의뢰인이 상담 후기 겸 워크숍 후기로 보내 준 이메일의 내용이다.

"안녕하세요? 공황장애로 상담을 받고, 워크숍에도 참여하며 느껴지는 바가 있어서 몇 자 적어 봅니다.^^ 전 8년 전 출산 후 갑작스럽게 공황장애가 찾아와서 참으로 고통스러운 시간을 보냈습니다. 그 두려움과 공포 앞에서 꼼짝달싹도 못한 채, 마치 막다른 코너에 몰린 고양이 앞의 쥐처럼 벌벌 떨고만 있었죠. 한 달간 정신과 입원도 했고, 2년 정도 약을 먹으면서 어느 정도 안정을 찾았다 싶었을 무렵, 또다시 불안과 공포가 엄습해 왔습니다. 다시금 고양이 앞의 쥐처럼 아무것도 못하는 상황이 되었습니다. 약이라도 구하려고 동네병원과 처음 발병 시 입원했던 대학병원까지 찾아갔지만, 예약이 되지 않은 상황이었던지라 어이없이 발길을 돌려야 했습니다.

나름 급박한 순간에 우연히 블로그 검색을 하다 알게 된 이곳에 무작정 문의해서 상담을 하게 되었습니다. 생각해 보면 참으로 우연인지 필연인지 그런 만남이었던 것 같고, 그 덕분에 워크숍까지 참여하게 되었습니다. 그 후 제 삶은 정말 많이 달라졌습니다. 상담은 일반적인 그런 상담과는 달랐습니다. 처음엔 이곳의 상담방법이 뭔가 싶기도 했지만, 지푸라기라도 잡고 싶은 심정으로 소장님이 처방한 내용대로 참으로 노력했습니다. 그럴 때마다 따뜻한 햇살에 빙산이 녹듯, 불안은 조금씩 녹아 내려갔습니다. 이따금 찾아오는 불안이 있으면, 또 그에 맞는 처방으로 다시 사르르 녹아내렸고요. 중간에 몇 번 약을 복용하기도 했지만, 지금은 전혀 약의 도움 없이 거뜬히 잘 살고 있습니다.^^

지금 돌이켜 보면 나에게 찾아왔던 그 불안과 공포는 꼭 나쁘고 무서운 것만은 아니었습니다. 그때는 너무나도 큰 고통이었고 어쩔 줄 몰라 했지만, 소장님의 도움 덕분에 그것은 단지 어떤 신호라는 것을 알게 되었습니다. 나한테 존중을 받지 못했던 그 무엇이 있다는 신호…. 그것이 존중되면 평소 풀리지 않을 것 같았던 삶의 실타래가 확 풀려가는 것이었습니다. 그것은 나를 자각으로 안내하는 훌륭한 '알림이' 같은 것이기도 했습니다. 소장님의 도움을 받아 생각의 속성이 무엇인지 알았고, 우리 삶의 기본적인 토대가 '있음'이란 것도 알게 되었습니다. 그리고 일상에서 그 있음을 어떻게 활용하고 존중할 수 있는지도 배우게 되었습니다.

그동안 내 아픈 것을 부모님과 세상 탓을 하고 고통스럽게 지냈던 나날이었다면, '있음'을 존중하는 법을 알게 된 이후에는 원망과 죄책감으로 그리 힘들지 않게 되었습니다. 세상일에 휘둘리는 일도 많이 줄었고요. 공황장애가 왔을 때 그 '있음'을 존중하지 못하고, 그저 그 불안과 공포를 없애려고만 했었다면, 저는 절대 나아지지 않았을 거라는 것을 알게 되었습니다. 그냥 나한테 공황장애가 있음을 존중하고, 그것이 온몸에 스며들도록 받아들이면, 가슴에서 공황장애가 미세하면서도 미묘한 느낌으로 은은히 녹아드는 느낌이었어요. 오랫동안 타성에 젖은 모습으로 인해서 아직 흔들리는 순간이나 상황이 있기는 하죠. 답답하고 조급한 마음에 빨리 퀀텀 리프를 하고 싶은 생각도 들고요. 그러다가 다시금 눈물 젖은 빵을 먹고 있는 나를 발견하기도 합니다.

하지만 그 역시 그래도 되고, 그 또한 제가 넘어갈 수 있음을 이제 압니다. 예전에는 그저 몰랐기에, 무지했었기에 눈먼 봉사처럼 찾아 헤매었지만, 지금은 새롭게 밝혀진 그 길을 따라 당당히 걸어가 보렵니다. 멀다면 멀 수도, 가깝다면 가까울 수도 있는 그 길을 인도해 주는 고마운 등불도 있고, 워크숍을 함께 하며 걸어가는 참으로 고마운 분들도 계셔서 큰 두려움 없이, 또 그 두려움도 함께 ㅎㅎ 꽃길을 걷는 기분으로 나아가겠습니다.^^ ”

아빠, 당신은 언제나 저의 아빠입니다

20대 후반의 여성분이 찾아오셨다. 고등학교 시절 부모님의 이혼과 이런저런 인생의 큰 상처로 몸과 마음이 많이 다친 분이었다. 한눈에 봐도 금방이라도 울음이 왈칵 쏟아질 것 같은 모습이었다. 그냥 간신히 숨만 쉬고 있다는 느낌을 받았다. 그분의 표현을 빌리자면, "망가진 몸을 되살리려고 7년의 시간 동안 여러 방법들을 찾아 헤맸지만, 별 효과가 없어서 지푸라기라도 잡고 싶은 심정으로 문을 두드린다."고 하였다.

저자는 얽히고설킨 의뢰인의 에너지가 느껴졌다. 특히 지금은 같이 살고 있지 않은 의뢰인의 아버지와의 에너지가 심하게 왜곡되어 있음을 느꼈다. 저자는 어떻게 그 에너지를 해소해야 할지 알았지만 처음부터 그 얘기를 하지는 않았다. 의뢰인의 삶이 그대로 옳다는 것을 잘 알고 있기 때문이었다. 다만 아무리 마음이 복잡하고 힘든 상황에 있을지라도, 자신에게 일어난 일을 스스로 존중하는 것이 지금의 상황을 해결할 수 있는 지름길이라고 얘기해 주었다.

물론 여기서 말하는 존중은 사람들이 보통 알고 있는 존중과는 조금 다르다. 내가 어떤 사람, 어떤 것이 있음을 인지하고, 그 모습을 그 모습으로서 받아들이는 것을 말한다. 의뢰인이 지금 힘든 것은 자신에게 일어난 일을 받아들이지 못하기에 그런 것이라고 얘기했다. 또 의뢰인의 부모님도 당신들에게 일어난 일을 제대로 받아들이지 못하고 계시기에 힘든 상황이라고 말해 주었다. 기적은 멀리 있는 것이 아니라 나에게 일어난 일들을 스스로 존중하는 것에서 시작된다고 말했다. 다음은 의뢰인이 저자에게 보내 준 이메일의 일부다. 이메일의 사용을 허락해 준 의뢰인께 감사드린다.

이메일1

"이번 상담을 다녀오고 나서 저는 항상 그곳에 있었지만, 태어나서 한 번도 그곳에 있다고는 여긴 적이 없었던, 제 마음의 집으로 돌아온 것 같아요. 그동안 치료하러 여기저기 다니면서 느꼈던 잠시 동안의 평화들은 마치 남의 집에 들러 잠시 태풍을 피한 거였다면, 이제는 정말 나의 집에 돌아온 것 같아서 기쁩니다. 감사합니다."

이메일2

"첫 상담 때 나의 고통이 부모님과의 이런저런 일들에서 비롯된다는 것을 알고 많이 편안해졌었습니다. 하지만 지금 제가 겪고 있는 증상은 왠지 해결되지 않을 것만 같았고, 계속 찜찜하고 뭔가 풀리지 않는 것들이 있었습니다. 오늘 소장님 덕분에 그게 뭔지를 드디어 알게 된 것 같아서 기쁩니다. 물론 그걸 알게 됐다고 해서 당장 사람들 속으로, 사회 속으로 뛰어 들어갈 용기가 생기지는 않습니다. 여전히 두렵고 빨리 증상을 해결하고 싶어서 조바심도 나지만, 소장님 말씀대로 그런 저의 두려움과 조바심도 존중하겠습니다. 문득 제가 처음 소장님께 지푸라기라도 잡는 심정으로 메일을 드렸던 때와 비교하면, 지금 제가 얼마나 달라졌는지 느껴집니다. 한 달도 안 되는 시간 동안 제 마음에 일어난 변화들을 보면 정말 놀랍습니다."

이메일3

"소장님~ 정말 기쁜 소식이 있어 소장님께 꼭 알려 드리고 싶어서 메일을 보냅니다. 답장은 안 주셔도 돼요.ㅎㅎ 어제 문득 아빠한테 연락을 하고 싶어져서 카톡을 보냈습니다. 그동안 아빠와 사실 연락을 끊은 상태로 살아왔지만요. 아팠던 제 몸과 마음을 회복하고 있고, 그동안 아빠를 원망해서 죄송하고, 항상 용돈 고맙고, 저를 낳아주셔서 감사하다구요. 그랬더니 아빠한테서 장문의 답장이 왔어요. 그중에,

'너에 대한 죄책감이 무책임한 내가 짊어지고 있는 가장 큰 짐이기도 하지만, 내가 어찌할 수 없으니 어차피 그 짐을 내가 그냥 내려놓아야 할 수밖에 없지만, 그럼에도 한순간도 떠나지 않는 아픔이어서 힘들었는데, 이렇게 내 마음을 기쁘게 해주는구나. 케익은 못 사줘도 함께 축하하는 의미로 용돈 조금 보낼게. ○○아, 정말 고맙다. 아빠가 중고등학교 다닐 때 일기장에 수도 없이 아버지를 죽이고 싶다고 적었었지만, 지금은 그게 아버지의 잘못이 아님을 알게 되었고, 다 용서했듯

이 너도 나를 용서해 주길 바래. 그래야 네 마음도 편해질 수 있을 거야….'라는 내용이 있었어요.

눈물이 너무 쏟아져서 펑펑 울었습니다. 그러다 갑자기 가슴과 목을 압박하고 있던 어떤 응어리 같은 게 풀려나오는 것이 느껴졌어요. 그건 정말 무언가 큰 에너지였어요. "오! 지금 나를 둘러싼 모든 게 바뀌고 있는 느낌인데? 나 변신 중인가?" 이런 느낌이었어요. 그때 제가 길을 걷고 있는 중이었는데, 평소에 걷던 것보다 더 걸었음에도 하나도 안 힘들었고 춥지도 않았어요. 집에 들어왔는데, 거울 속의 내가 정말 환~했습니다. 뭔가 내 몸의 불편한 곳들이 한순간 전부 다 나아버릴 것 같은 느낌이었어요. 그런데 자고 일어나니 아직 불편한 곳은 그대로…. ㅋㅋ 어쨌든 어제 정말 제게 큰 변화가 있었던 것은 맞는 것 같습니다. 정말 기쁘고 감사합니다. 제 기쁨을 언어로 표현할 길이 없어서 그냥 정말, 정말 기쁘고 감사하다고만 말씀드릴게요."

과잉행동 장애를 앓던 아이

미국에서 아트센터를 운영하는 교포 분에게서 연락이 왔다. 과잉행동 장애를 앓는 아이의 엄마를 상담으로 도울 수 있느냐는 것이었다. 아이가 5살인데, 화가 나면 다른 아이들을 때려서 어린이집에도 못 가고, 행복한 순간을 맞이하더라도 그것이 10초를 넘기도 어렵다고 했다. 심지어 '아, 이 아이 때문에 엄마가 죽겠구나!' 하는 생각이 들 정도라고 하였다. 그 아이와 엄마를 돕는 것은 자신의 영역을 넘어서는 것 같아서 저자가 그에 대한 상담을 할 수 있을지 묻는 내용이었다. 저자는 기쁘게 그 제안을 받아들였다. 미국에 있는 의뢰인과의 상담은 아내의 통역과 화상통화로 진행되었다.

모든 아이는 자신을 낳아 준 부모에게 거의 절대적 신의를 갖고 있다. 표면적으로 그렇게 보이지 않을지라도, 아이의 마음 한편에 자리 잡은 부모에 대한 신의는 우리의 상상을 초월한다. 집안에 어떤 사건이 발생했을 경우, 아이는 자신만의 방식으로 부모를 위해 행동한다. 자신이 그렇게 행동하면 집안에 좋은 일이 생길 거라는 주술적인 믿음을 갖고 있다. 그러한 모습이 외견상 아이가 문제가 있는 것처럼 비춰질 수도 있다. 그러면 부모는 아이의 버릇을 고쳐주겠다고 아이를 심하게 질책하거나 체벌을 하기도 한다. 아이는 부모의 그 모습에 더 거세게 반항하거나 납득하기 어려운 사건사고 등을 일으킨다.

저자는 상담을 받는 부모님들께 가급적이면 자녀 앞에서 어떤 정신적인 병명을 사용하지 않도록 주의를 준다. 예를 들어 자폐증, 과잉행동 장애, 기타 정신적으로 문제가 있다고 여기지게 하는 병명들이다. 부모가 자녀에게 그런 병명을 사용할 경우, 아이는 무의식중에 부모가 자신에게 그와 같은 증상을 요구하는 것으로 받아들이기도 한다. 그리하여 그 병명에 따른 행동을 한다. 저자도 설명하는 과정상 어쩔 수 없이 과잉행동 장애라는 표현을 사용하고 있지만, 어떤 병의 명칭을 당연하게 여기며 사용할 경우, 사람들은 그 병명이 만드는 가상공간에 갇힐 수 있다. 그러면 문제의 본질에서 벗어난 엉뚱한 것들과 싸우거나 쉽게 갈 길을 돌아서 가게 된다.

저자는 위의 사례에서 아이의 행동이 엄마의 죽음을 막으려는 절박한 몸짓으로 느껴졌다. "엄마, 제발 죽지 마! 엄마, 제발!" 하는 소리가 들리는 듯했다. 아마도 그 아이가 태어나기 전부터도 아이의 엄마에게는 깊은 마음의 상처가 있었을 거라는 것이 분명해 보였다. 의뢰인에게 혹시 집안에 어떤 일이 있었는지 물어봤다. 의뢰인의 아버지가 분노조절에 문제가 있고, 남동생도 공황장애를 앓고 있다고 했다. 직감적으로 그 집안에 어떤 감춰진 큰 상처가 있다는 것이 다가왔다. 그렇다고 더 깊이 묻지는 않았다. 의뢰인이 자연유산을 한 적이 있고, 남편의 암이 재발했다는 얘기를 들은 것만으로도, 의뢰인이 지금 어떤 상태에 있는지 충분히 짐작할 수 있었다.

의뢰인의 마음속에서는 '만사가 다 귀찮아. 나, 하루라도 빨리 죽고 싶어!'라는 소리가 가득 울리는 듯 했다. 자신의 부모를 대신해 집안의 어떤 사건을 짊어지려 하는 것도 같았고, 유산된 아이한테는 '내가 죽었어야 했는데.'라는 죄책감도 있는 것 같았다. 남편이 암에 걸리고 그것이 재발하자 '나는 저주받은 여자일지도 몰라.'라는 자괴감도 있는 듯했다. 아이는 본능적으로 엄마가 죽음으로 이끌리고 있다는 것을 알아차렸던 것이다. 그래서 필사적으로 엄마를 괴롭혔다는 것이 느껴졌다. "엄마, 제발 죽지 마! 제발 나 좀 봐, 엄마!"라며…. 더욱이 아이의 아빠도 암이 재발하여 생사가 불투명한 상황이었기에 아이로서는 정말 눈물겨운 발버둥인 셈이었다.

저자는 의뢰인이 지금 어떤 내적 상태에 있는지, 주변의 사람들은 어떤 상황에 있는지 담담히 얘기해 주었다. 의뢰인은 그 얘기에 깊이 공감했다. 유산을 겪었던 슬픔과 아픔, 아버지를 향한 분노와 위축, 남편과의 관계에서 가진 말로 표현하기 힘든 미안함과 죄책감은 언어침술로 다루어졌다. 이유를 알기 힘든 분노나 우울이 다가왔을 때는 어떻게 응대하고, 삶에서 견디기 힘든 일이 발생했을 때는 어떻게 대해야 하는지도 알려드렸다. 그리고 지금 의뢰인의 상황은 자신에게 다가오는 어떤 생각을 진실이라고 믿기에 더욱 강화되는 것이라는 얘기도 해 주었다.

상담을 진행하는 동안 의뢰인에게서는 눈에 띄는 변화들이 나타났다. 아버지를 만나도 많이 편안해졌고, 자신의 아이와의 관계도 훨씬 부드러워졌다고 했다. 아이는 앙증맞게 "엄마, 행복해?"라고 묻기도 했다고 한다. 의뢰인은 만일 저자가 바로 옆에 있었다면 꼬옥 안아드리고 싶다고 말했다. 다음은 의뢰인이 저자에게 보낸 이메일의 내용이다.

"고맙습니다. 제가 이전에 비해서 정말 좋아졌습니다. 제 인생의 거의 모든 순간이 다르게 느껴집니다. 불과 몇 주 전만 해도 저는 많은 것들에서 분노, 적대감, 부정적인 것을 느끼는 상태에 있었습니다. 그러나 이제는 모든 것이 받아들여지고, 괜찮다는 의식적인 앎이 아주 감사하게 올라옵니다. 정말 놀랍습니다. 제 주변의 가장 가까운 사람들도 이러한 제 변화에 대해 얘기들을 합니다. 감사합니다."

상담 이후 2개월 정도가 지난 시점에서 의뢰인의 남편이 아트센터를 방문했다고 한다. 자신의 가정에 찾아온 놀라운 변화에 감사함을 전하기 위해서였다. 다음은 아트센터의 원장님이 저자에게 보낸 이메일이다.

“안녕하세요. 토요일에 빅토리아(가명)씨 부군께서 저희 공간에 오셨습니다. 그날 그분을 처음 뵈었습니다. 선생님을 소개해주어서 너무 고맙다고 하셨습니다. 정말 많은 변화가 있다고 했습니다. 남편분이 혼자 직접 오셔서 그런 감사의 말씀을 전하실 줄은 전혀 기대하지 않았었습니다. 감사합니다.”

한편의 시

나는 연습합니다

나는 연습합니다.
나에게 몸이 있음을 알고, 몸을 지각하고 느끼며
몸이 있음에 감사하는 연습을 합니다.

나는 연습합니다.
생각은 활동하면 늘 환영을 만든다는 것을 알고,
생각을 존중하되, 그 활동은 허용하지 않는 연습을
합니다.

나는 연습합니다.
그동안의 나의 상처와 아픔을 보듬고,
다른 이의 상처와 아픔도 존중하는 연습을 합니다.

나는 연습합니다.
이 삶이 나와 함께 있음에 감사하고,

나에게 일어난 모든 일을 받아들이는 연습을 합니다.

나는 연습합니다.
모든 것은 그때그때 완성된다는 것을 알고,
나 역시 그때그때 나의 자세를 바로잡는 연습을 합니다.

나는 연습합니다.
나에게는 나의 의향을 이룰 수 있는 의지가 있음을 알고,
그 의지를 심장에서 굳건하게 다지는 연습을 합니다.

나는 연습합니다.
내가 바로 그 사람이고, 여기가 바로 그곳임을 알며,
이 땅에서 변함없는 나의 사랑이 울리도록
연습합니다.

나오며

이 책을 읽어 주신 모든 분들께 깊은 감사를 드립니다. 인간으로 산다는 것은 만만치 않은 여정입니다. 누구나 잘 살고 싶어 하지만 그렇게 되지 않습니다. 잘 사는 것처럼 비춰지는 사람도 겉으로만 그렇게 보이는 경우가 많습니다. 누구도 고통과 괴로움에서 자유롭기는 힘듭니다. 저자는 본질적인 차원에서 우리가 어떻게 평온하고 행복한 삶을 누릴 수 있는지 살펴보았습니다. 그것은 모든 있음에 "예" 하는 것이었습니다. 그동안의 나의 삶과 다른 이의 그 삶에, 지금까지 나의 이 상처와 아픔, 다른 이의 그 상처와 아픔에 "예" 하는 것이었습니다. 그리고 나 역시 다른 사람들과 같은 사람으로서 이곳에 있는 것입니다.

생각의 다른 측면을 본다는 것은 사람들에게 많이 낯설 수 있습니다. 너무나 당연하게만 여겨왔던 생각이고, 사는데 없어서는 안 될 것만 같았던 생각이기에 더욱 그렇습니다. 그렇기에 생각의 오류에 대한 인식은 우리의 삶을 근본적으로 변화시키는 씨앗 역할을 합니다. 우리가 여전히 실수하고 또 다시 넘어질지라도, 그 씨앗은 자라나 삶에 커다란 반향을 일으킬 것입니다. 우리는 모두가 같은 사람으로서 이곳에 있습니다. 겉으로야 모습도 다르고, 성격도 다르며, 특성도 다 다르지만, 우리는 모두 하나인 사랑으로서 이곳에 있습니다. 그저 아주 잠시 동안이지만, 자신과 생각을 동일시하여 그 사실을 알지 못하고 있을 뿐입니다. 그래서 이 삶이 더욱 애달프고, 가슴 시린 삶이 됩니다. 이러한 우리 자신을 늘 말없이 존중하고 있는 내가 있다는 것을 알면, 마음이 평온해집니다.

저자는 먼저 저자의 부모님께 감사를 올립니다. "예, 아버지, 어머니. 고맙습니다. 당신들 덕분에 제가 이곳에 있습니다. 당신들의 깊은 사랑 영원히 제 가슴속에 있을 것입니다."

많은 아픔을 안기고 이혼한 첫 번째 인연에게도 얘기합니다. "예, 미안합니다. 그리고 고마웠습니다. 나도 많이 아팠습니다. 당신은 언제나 그 모습 그대로 제 가슴속에 계셔도 됩니다." 새로운 땅에서 함께 길을 걸어가는 두 번째 인연에게도 얘기합니다. "예, 당신처럼 좋은 분을 만나서 감사합니다. 당신 덕분에 이 책이 나올 수 있었습니다. 당신에 대한 고마움 영원히 제 가슴속에 있을 것입니다." 첫 번째 인연과 두 번째 인연 사이에서 태어난 두 아들과 딸에게도 얘기합니다. "너희가 이 아버지의 아들이고 딸이어서 감사하구나. 아버지는 언제나 너희들을 위해 있다. 나는 영원히 변치 않는 자리에서 너희들의 아버지로서 늘 너희와 함께 있을 거란다."

이 세상의 모든 분들과 모든 것들에게도 얘기합니다. "예, 나는 모든 것과 하나인 사랑입니다. 당신들처럼 좋은 분들과 이곳에 함께 있어서 감사합니다. 또한 이 세상의 모든 것들이 나와 함께 있어서 감사합니다. 나는 가장 작은 자리, 나의 자리에서 당신들의 있음에 그저 '예' 합니다."

나는 당신과
같은 사람입니다

초판 1쇄 인쇄 2024년 7월 5일
초판 1쇄 발행 2024년 7월 10일

지은이 김명준
발행인 전익균

이사 정정오, 김영진, 김기충
기획 조양제
편집 백연서, 김혜선, 전민서
디자인 페이지제로
관리 이지현
마케팅 (주)새빛컴즈
유통 새빛북스

펴낸곳 에이원북스
전화 (02) 2203-1996, (031) 427-4399 **팩스** (050) 4328-4393
출판문의 및 원고투고 이메일 svcoms@naver.com
등록번호 제215-92-61832호 **등록일자** 2010. 7. 12

가격 20,000원
ISBN 979-11-91517-75-0 03190

* 도서출판 새빛은 (주)새빛컴즈, 새빛에듀넷, 새빛북스, 에이원북스, 북클래스 브랜드를 운영하고 있습니다.